APARECIDA LIBERATO

GUIA DIÁRIO DE ENERGIA PESSOAL 2010

Uma nova energia a cada dia

novo século®

São Paulo 2009

Produção editorial Equipe Novo Século
Projeto gráfico e diagramação Paula Cristina d'Andréa
Capa Paula Cristina d'Andréa
Revisão Vera Lucia Quintanilha
Angela Cruz

Dados Internacionais de Catalogação na Publicação (CIP)
(Câmara Brasileira do Livro, SP, Brasil)

Liberato, Aparecida
Guia diário de energia pessoal 2010: uma nova energia a cada dia/
Aparecida Liberato.
Osasco, SP : Novo Século Editora, 2009.

Bibliografia.

1. Decisões 2. Numerologia 3. Numerologia – Influência sobre os humanos
I. Título.

09-10839 CDD-133.35

Índices para catálogo sistemático:
1. Numerologia: Influência sobre as decisões diárias:
Esoterismo 133.35

2009
Impresso no Brasil.
Printed in Brazil.

Novo Século Livraria e Editora Ltda.
Rua Aurora Soares Barbosa, 405 – 2° andar
Osasco/SP – 06023-010
Tel.: (0xx11) 3699-7107
www.novoseculo.com.br
atendimento@novoseculo.com.br

A energia de 2010

Ano Novo, energia renovada! A partir de 1º de Janeiro todos nós passamos a viver sob a energia universal 3.

O 3 é o equilíbrio dos opostos 1 e 2, e é também o resultado da união entre 1 e 2. É a frutificação, é o que forma a figura, o triângulo, a trindade. Desde a antiguidade é considerado o número perfeito, pois as triades movimentam o universo. O triângulo, a forma perfeita, une o céu à terra. Vários aspectos importantes da vida estão relacionados com o 3: passado, presente e futuro; pensamentos, palavras e obras; manhã, tarde e noite; começo, meio e fim; animal, vegetal e mineral; vermelho, amarelo e azul.

O 3 está associado à comunicação e à expansão: 3 desejos, 3 reis magos, 3 chances, 3 batidas na madeira.

Podemos esperar de 2010 um ano de grande avanço em todas as áreas. 21, dezena que dá origem ao 3 é o número do mundo e em geral permite grande expansão da tecnologia de informação, o que facilita a interatividade entre os povos de todos os continentes. Os meios de comunicação terão papel fundamental durante este ano. Muito será divulgado, visto e comentado. Pequenas ações se transformarão em grandes eventos.

Porém o crescimento deve ser ordenado e com limites. São necessários concentração e forte determinação rumo aos objetivos, pois o 3 é também um número que favorece o desperdício, a falta de foco e os acontecimentos sem controle, as ações exageradas, irresponsáveis e até destrutivas.

Mais do que nunca o mundo precisa de nossa atitude positiva e construtiva. É preciso obedecer às leis do universo e da natureza para que o mundo siga seu movimento. O número 21 é o da consciência cósmica.

Aproveite a energia 3 do ano 2010 para buscar harmonia em todo tipo de manifestação artística, para aumentar a sua rede de contatos, para trazer alegria a quem precisa, para trocar informações, para evoluir com base na ordem e no planejamento.

A cor do ano 2010 é o amarelo, uma cor quente, que promove a fertilidade e a expansão. Ela chama a atenção, populariza, atrai e indica esperança.

Bem-vindo a uma vida melhor!

Planeje seu dia a dia com a Numerologia e tenha um ano mais equilibrado

Feliz 2010! Feliz Energia Nova a cada dia!

Você certamente já percebeu que há dias nos quais tudo se encaixa e corre harmoniosamente. Mas, quando você menos espera, logo na manhã seguinte, tudo começa ou parece que vai desabar. Um grande negócio que estava prestes a ser aprovado tem sua decisão protelada. O telefone toca e na outra linha uma pessoa querida avisa que aquele encontro tão esperado que você levou semanas para marcar terá de ser adiado. E, quando tudo parece perdido, no dia seguinte o horizonte nebuloso volta a clarear e sua vida retoma o rumo que você queria.

Da mesma forma, isso é válido para as pessoas que o(a) cercam. Hoje o dia pode ser propício para você, mas pode ser inadequado para o seu companheiro(a) ou para o seu sócio(a).

Tudo isso acontece por que sua vida segue vibrações, favoráveis ou não, sujeitas a leis que regem o Universo e, como faz parte dele, você também obedece a essa organização que determina os ciclos da sua vida.

Cada ciclo dura 9 anos. E é justamente a data de seu aniversário, dia e mês, que determina qual é a energia que vai lhe acompanhar em cada novo ano de vida.

Assim como cada ano lhe traz uma nova energia, o mesmo acontece a cada mês e a cada dia da sua vida. Por isso, é importante você conhecer as vibrações que surgirão ao longo do ano e descobrir quais serão os dias e meses mais propícios para você tomar suas decisões ou agir com mais cautela.

Este Guia vai lhe ensinar a calcular em que ano pessoal você se encontra e, a partir deste número, saber o mês pessoal e o dia pessoal em que está. Dessa maneira, você poderá saber o que o Universo reserva para você e, assim, preparar-se para enfrentar os desafios e também obter o máximo de benefícios que essa energia lhe traz. Além disso, quando você conhece a sua vibração, pode escolher o melhor momento para tomar decisões e ter atitudes adequadas a cada situação, seja no plano profissional, financeiro, familiar, sentimental e mesmo no tocante à sua saúde.

Este Guia é totalmente diferente, pois é a sua vida, é você. Use-o com carinho e tenha um feliz ano, aproveitando melhor toda energia que ele lhe traz!

Aparecida Liberato

Este GUIA pertence a:

Nome ______________________________

Endereço ______________________________

Tel. (____) ______________________ Tel. (____) ______________________

Cidade/Estado ______________________________

E-mail ______________________________

Endereço Comercial

Tel. (____) ______________________ Tel. (____) ______________________

Cidade/Estado ______________________________

E-mail ______________________________

Grupo sanguíneo ______________________________

Alergias ______________________________

Em caso de emergência chamar ______________________________

Tel. (____) ______________________________

Calendários

2010

Janeiro

D	S	T	Q	Q	S	S
					1	2
3	4	5	6	7	8	9
10	11	12	13	14	15	16
17	18	19	20	21	22	23
24	25	26	27	28	29	30
31						

1 - Confraternização universal

Fevereiro

D	S	T	Q	Q	S	S
	1	2	3	4	5	6
7	8	9	10	11	12	13
14	15	16	17	18	19	20
21	22	23	24	25	26	27
28						

16 - Carnaval

Março

D	S	T	Q	Q	S	S
	1	2	3	4	5	6
7	8	9	10	11	12	13
14	15	16	17	18	19	20
21	22	23	24	25	26	27
28	29	30	31			

Abril

D	S	T	Q	Q	S	S
				1	2	3
4	5	6	7	8	9	10
11	12	13	14	15	16	17
18	19	20	21	22	23	24
25	26	27	28	29	30	

2 - Paixão de Cristo
4 - Páscoa
21 - Tiradentes

Maio

D	S	T	Q	Q	S	S
						1
2	3	4	5	6	7	8
9	10	11	12	13	14	15
16	17	18	19	20	21	22
23	24	25	26	27	28	29
30	31					

1 - Dia do trabalho

Junho

D	S	T	Q	Q	S	S
		1	2	3	4	5
6	7	8	9	10	11	12
13	14	15	16	17	18	19
20	21	22	23	24	25	26
27	28	29	30			

3 - Corpus Christi

Julho

D	S	T	Q	Q	S	S
				1	2	3
4	5	6	7	8	9	10
11	12	13	14	15	16	17
18	19	20	21	22	23	24
25	26	27	28	29	30	31

Agosto

D	S	T	Q	Q	S	S
1	2	3	4	5	6	7
8	9	10	11	12	13	14
15	16	17	18	19	20	21
22	23	24	25	26	27	28
29	30	31				

Setembro

D	S	T	Q	Q	S	S
			1	2	3	4
5	6	7	8	9	10	11
12	13	14	15	16	17	18
19	20	21	22	23	24	25
26	27	28	29	30		

7 - Independência do Brasil

Outubro

D	S	T	Q	Q	S	S
					1	2
3	4	5	6	7	8	9
10	11	12	13	14	15	16
17	18	19	20	21	22	23
24	25	26	27	28	29	30
31						

12 - Nossa Senhora Aparecida

Novembro

D	S	T	Q	Q	S	S
	1	2	3	4	5	6
7	8	9	10	11	12	13
14	15	16	17	18	19	20
21	22	23	24	25	26	27
28	29	30				

2 - Finados
15 - Proclamação da República

Dezembro

D	S	T	Q	Q	S	S
			1	2	3	4
5	6	7	8	9	10	11
12	13	14	15	16	17	18
19	20	21	22	23	24	25
26	27	28	29	30	31	

25 - Natal

2011

Janeiro

D	S	T	Q	Q	S	S
						1
2	3	4	5	6	7	8
9	10	11	12	13	14	15
16	17	18	19	20	21	22
23	24	25	26	27	28	29
30	31					

1 - Confraternização universal

Fevereiro

D	S	T	Q	Q	S	S
		1	2	3	4	5
6	7	8	9	10	11	12
13	14	15	16	17	18	19
20	21	22	23	24	25	26
27	28					

Março

D	S	T	Q	Q	S	S
		1	2	3	4	5
6	7	8	9	10	11	12
13	14	15	16	17	18	19
20	21	22	23	24	25	26
27	28	29	30	31		

8 - Carnaval

Abril

D	S	T	Q	Q	S	S
					1	2
3	4	5	6	7	8	9
10	11	12	13	14	15	16
17	18	19	20	21	22	23
24	25	26	27	28	29	30

21 - Tiradentes
22 - Paixão de Cristo
24 - Páscoa

Maio

D	S	T	Q	Q	S	S
1	2	3	4	5	6	7
8	9	10	11	12	13	14
15	16	17	18	19	20	21
22	23	24	25	26	27	28
29	30	31				

1 - Dia do trabalho

Junho

D	S	T	Q	Q	S	S
			1	2	3	4
5	6	7	8	9	10	11
12	13	14	15	16	17	18
19	20	21	22	23	24	25
26	27	28	29	30		

23 - Corpus Christi

Julho

D	S	T	Q	Q	S	S
					1	2
3	4	5	6	7	8	9
10	11	12	13	14	15	16
17	18	19	20	21	22	23
24	25	26	27	28	29	30
31						

Agosto

D	S	T	Q	Q	S	S
	1	2	3	4	5	6
7	8	9	10	11	12	13
14	15	16	17	18	19	20
21	22	23	24	25	26	27
28	29	30	31			

Setembro

D	S	T	Q	Q	S	S
				1	2	3
4	5	6	7	8	9	10
11	12	13	14	15	16	17
18	19	20	21	22	23	24
25	26	27	28	29	30	

7 - Independência do Brasil

Outubro

D	S	T	Q	Q	S	S
						1
2	3	4	5	6	7	8
9	10	11	12	13	14	15
16	17	18	19	20	21	22
23	24	25	26	27	28	29
30	31					

12 - Nossa Senhora Aparecida

Novembro

D	S	T	Q	Q	S	S
		1	2	3	4	5
6	7	8	9	10	11	12
13	14	15	16	17	18	19
20	21	22	23	24	25	26
27	28	29	30			

2 - Finados
15 - Proclamação da República

Dezembro

D	S	T	Q	Q	S	S
				1	2	3
4	5	6	7	8	9	10
11	12	13	14	15	16	17
18	19	20	21	22	23	24
25	26	27	28	29	30	31

25 - Natal

Datas importantes

Janeiro

Fevereiro

Março

Abril

Maio

Junho

Julho

Agosto

Setembro

Outubro

Novembro

Dezembro

Os números e o seu dia a dia

Transformando seu GUIA num companheiro diário de tomada de decisões

Os números identificam, medem, quantificam, classificam e comparam. Eles determinam a sequência e a regularidade, organizando a sua vida. Os números de 1 a 9 representam os 9 estágios do ciclo da vida humana. A data do seu aniversário determina o início de um período novo em sua vida, que dura exatamente 1 ano. A cada ano uma energia diferente vibra de acordo com o seu número e influencia a sua vida. Em cada ano há um novo propósito e um aprendizado especial. Cada período tem identidade própria, com demandas e oportunidades específicas.

Cada mês e cada um de seus dias também têm a sua energia específica. E como você já percebeu, essa energia varia de pessoa a pessoa. Conhecendo essa energia, você poderá enfrentar melhor seus desafios e evitar dificuldades. Você saberá o que esperar e como se preparar. Conhecendo seus números no ano, mês e dia em que você se encontra, os acontecimentos e situações farão mais sentido. E com isso ficará mais fácil para você lidar com eles. Nas próximas páginas ensinamos, passo a passo, como calculá-los. É muito fácil!

Primeiro passo:

Conhecendo a energia do seu ANO pessoal

Os ciclos da vida ocorrem a cada 9 anos. No seu aniversário você começa um novo ano dentro desse ciclo. É importante determinar em qual ano pessoal você se encontra agora, para poder começar a personalizar o seu Guia.

Para calcular a energia que você vive neste ano, basta somar a data do último aniversário (dia + mês + ano em que fez seu último aniversário).

Para que você possa entender melhor como se faz a conta, vamos exemplificar com o caso de uma pessoa que fez seu aniversário em **05 de agosto de 2009**. Some os algarismos e vá decompondo-os até chegar a um resultado com um único dígito.

Data do último aniversário

0 + 5 + 0 + 8 + 2 + 0 + 0 + 9 = 24

24 → 2 + 4 = **6**

Então **6** é o seu número para este ano, até o seu próximo aniversário. Portanto, você está num Ano Pessoal 6, ou seja, num **Ano com energia 6**.

Mas preste atenção: o Ano Pessoal mudará no próximo aniversário.

Assim, vamos supor que chegou o aniversário. Utilizando o mesmo exemplo acima, ele será em 05 de agosto de 2010.

Data do último aniversário

0 + 5 + 0 + 8 + 2 + 0 + 1 + 0 = 16

16 → 1 + 6 = **7**

Assim, essa pessoa passou, a partir do dia do aniversário, para um Ano Pessoal 7, ou seja, um **Ano com energia 7**.

Calcule agora o seu Ano Pessoal:

Data do último aniversário

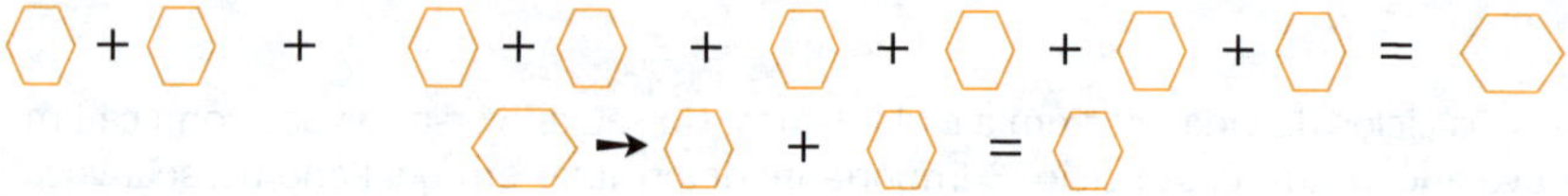

Na página seguinte, descrevemos a energia de cada Ano Pessoal. Veja qual é a sua.

A energia do seu ANO pessoal

Ano 1

Este ano marca um período muito importante, pois você está iniciando um ciclo novo na sua vida, em que muitas portas serão abertas na sua caminhada. É o momento para estabelecer as bases para o seu futuro. Tenha objetivos claros, acredite em si. Não perca tempo, atue com criatividade e coragem. Não tenha medo de tomar decisões. Ouse, enfrente os obstáculos com independência e determinação. Este é o momento de semear. Afirmações para o Ano 1:

{*Eu quero • Eu gosto de • Meu objetivo é • Eu sou capaz de*}

Ano 2

Este é um ano em que você cuidará dos relacionamentos e de todas as implicações decorrentes do seu envolvimento com as outras pessoas. Terá que resolver problemas em suas relações afetivas e nas sociedades que fizer. Poderá enfrentar processos judiciais. Este é um ano em que tudo caminha lentamente. É tempo para você fazer uma análise criteriosa dos projetos que iniciou. Tenha paciência. Cooperar e agir com diplomacia podem ajudar a enxergar tudo de maneira mais clara. Afirmações para o Ano 2:

{*Eu compreendo • Eu coopero • Eu concilio • Eu compartilho*}

Ano 3

A sorte acena para você neste ano. Saiba canalizar a imensa energia que você tem agora para não haver desperdícios. Você estará em evidência: aproveite para mostrar o seu potencial, todo o seu talento e a sua criatividade. Sua vida social será intensa. Você conhecerá pessoas e encontrará amigos e amores. Este é um período de libertação e otimismo. Por isso, você estará mais motivada a participar e a viver experiências. Afirmações para o Ano 3:

{*Eu participo • Eu me liberto • Eu busco o prazer • Eu estou otimista*}

Ano 4

Este é um ano de busca da estabilidade e, portanto, o trabalho será de importância fundamental para a base de uma vida segura. Organize seus objetivos e estabeleça uma rotina. O período exige que você seja prática e racional. Tenha paciência e não desanime mesmo que o ritmo seja lento e desgastante. O mais importante agora é retomar detalhes importantes que você tinha deixado para trás. Afirmações para o Ano 4:

{*Eu organizo • Eu vivo a realidade • Eu produzo • Eu busco soluções*}

Ano 5

Sua vida deverá sofrer profundas transformações, em especial no seu trabalho e nos seus relacionamentos afetivos. A sua inquietação faz com que você busque liberdade. Use o seu tempo de maneira construtiva. Aproveite para estudar novos assuntos e conhecer lugares diferentes. Procure fazer novas amizades. Procure organizar-se para que você consiga aproveitar as oportunidades geradas pelas mudanças. Afirmações para o Ano 5:

{*Eu estou disponível para novas experiências • Eu busco oportunidades • Eu estou livre para mudar • Eu arrisco e ouso*}

Ano 6

Este é um ano que pode ser marcante na sua vida, em especial na sua relação com as pessoas. Você se dedica aos outros, direciona seu amor e sua atenção. Há uma busca de equilíbrio e harmonia em geral. Você é estimulado a fazer parte de grupos e equipes, no trabalho ou fora dele. O período pode ser propício para o fortalecimento de laços afetivos ou para definir separações. Cuidados com a casa e com o corpo são necessários. Afirmações para o Ano 6:

{*Eu sou responsável por • Eu estou disponível para as pessoas • Eu consigo apoios • Eu dedico meu afeto*}

Ano 7

Este é um ano de reflexão e avaliação. Você agora procura se conhecer e por isso faz uma pausa, afastando-se um pouco dos objetivos que tinha antes. Sua intuição está muito aguçada: você descobrirá novos interesses que estavam adormecidos. Dê tempo ao tempo e não force situações. Desdobramentos de decisões e iniciativas passadas ocorrem agora. Cuide bem da sua saúde. Afirmações para o Ano 7:

{*Eu quero me conhecer melhor • Eu me permito o tempo necessário • Eu busco respostas • Eu necessito cuidar de mim*}

Ano 8

Neste ano o foco das suas atenções estará nas suas conquistas materiais. As oportunidades de investimentos acontecerão. Você será forçada a usar todos os seus recursos de energia, devendo agir com eficiência e capacidade de julgamento. É o momento de prestar contas e pagar dívidas. Você enfrentará concorrências e participará de disputas. Estará dotada de muito mais coragem e determinação para alcançar o que deseja. Afirmações para o Ano 8:

{*Eu uso a minha energia de maneira eficiente • Eu tenho confiança em mim • Eu atuo com justiça • Eu tenho discernimento*}

Ano 9

Você está encerrando um ciclo de experiências e por isso este será um ano de balanço. É tempo para se afastar de tudo e de todos que não mais farão parte da sua vida. Por isso, é necessário ter capacidade de desapego. Agora ficará mais fácil se livrar de um hábito ruim ou desistir de um relacionamento que não tenha mais significado. Faça as suas escolhas e definições. Você sofrerá algumas perdas durante este ano, mas saiba que tudo traz uma conclusão construtiva e um grande aprendizado e maturidade. Termine qualquer projeto que esteja em andamento. Afirmações para o Ano 9:

{*Eu controlo minhas emoções • Eu me afasto de meu passado • Eu me liberto para o futuro • Eu tenho consciência de que amadureço*}

Segundo passo:

Conhecendo a energia do seu MÊS pessoal

A esta altura você já sabe o número que corresponde ao seu Ano Pessoal. E a exemplo do ano, você também poderá saber qual é a energia do seu mês, o seu Mês Pessoal, que também se repete em ciclos. Para isso, basta somar o mês em que você está ao ano pessoal que você acabou de calcular (não se esqueça: janeiro é 1, fevereiro é 2, março é 3, abril é 4, maio é 5, junho é 6, julho é 7, agosto é 8, setembro é 9, outubro é 10, novembro é 11 e dezembro é 12).

Voltemos ao exemplo da pessoa que fez aniversário em 5 de agosto de 2009. Chegamos ao Ano Pessoal 6 depois de somar $5 + 8 + 2 + 0 + 0 + 9 = 24$ e depois $2 + 4 = 6$. Então, para se chegar ao Mês Pessoal, basta somar este número ao mês em que você está. Se você estiver em janeiro, o mês 1, basta somar 1 ao ano pessoal, $1 + 6 = 7$. E pronto: em janeiro você estará num mês pessoal 7.

Ano Pessoal		Mês Atual		Mês Pessoal
6	+	1	=	7

Faça suas contas ao entrar em cada mês e saiba o número deste mês para você.

A energia do seu MÊS pessoal

Mês 1

Surgem novas esperanças e muitas portas são abertas. Aproveite para tomar decisões e medidas importantes para o seu futuro. Tudo acontece muito rapidamente. Você tem grande energia pessoal para iniciar seus projetos e dar os primeiros passos.

- Importante: tenha propósito firme e coragem.
- Cuidado: a impulsividade pode prejudicá-lo(a).

Mês 2

Você estará envolvido com outras pessoas. Por isso, terá de se esforçar para melhorar sua convivência. É um bom mês para acertar parcerias. No entanto, você estará bastante vulnerável. Tenha paciência e permita que os acontecimentos sigam vagarosamente o seu rumo.

- Importante: saiba escutar e considere as ideias dos outros.
- Cuidado: diminua o estresse fazendo alguma atividade.

Mês 3

Aproveite a inspiração e as oportunidades que surgirão para investir na sua criatividade. Muitas situações que pareciam sem saída serão facilitadas para você. Você terá mais energia e poderá se envolver com mais otimismo nesse período agitado.

- Importante: estabeleça prioridades e objetivos.
- Cuidado: evite a dispersão de energia e atenção.

Mês 4

Período para arrumar do que está fora de lugar. Há alguns obstáculos que exigem uma atitude de perseverança. Não desanime. Evite gastos desnecessários e dê o valor real a cada pessoa e situação. Cuide de seus documentos, papéis e finanças.

- Importante: as dificuldades devem ser encaradas como desafios.
- Cuidado: não confie na sorte.

Mês 5

Você deseja expandir seus limites e terá coragem de correr riscos. As instabilidades e incertezas deste mês trarão novas oportunidades. Aceite as mudanças para promover o progresso, mas procure controlar a impulsividade.

- Importante: seja flexível e esteja aberto(a) às novidades.
- Cuidado: diminua a ansiedade e a inquietação dedicando-se a uma atividade relaxante.

Mês 6

Você estará muito carente e sensível. Mais propenso(a) a conviver com os outros, receberá apoio das pessoas. Este é um bom período para fazer atividades em grupo, assinar contratos e buscar os amigos. Atividades artísticas trarão bem-estar.

- Importante: envolva-se com as necessidades da família e dos amigos.
- Cuidado: tenha limites para não se dedicar demais aos interesses alheios.

Mês 7

Diminua a carga de trabalho e cuide de você. Forçar situações não vai levar a nada. O melhor é que você use a intuição, que agora está mais aguçada, para analisar os fatos que vêm ocorrendo. Busque um pouco de privacidade para poder refletir melhor.

- Importante: procure respostas dentro de você.
- Cuidado: não se afaste demasiadamente da realidade.

Mês 8

Você se sente mais forte e confiante, com mais capacidade de controlar situações e investir em seus negócios. Você assume o comando, cuida de sua vida e administra seus problemas, encontrando soluções para eles.

- Importante: seja muito objetivo(a) e claro(a) em suas observações e interferências.
- Cuidado: o orgulho pode atrapalhar seus planos.

Mês 9

Este é um mês em que há definições sobre situações anteriores. Tome as decisões que são necessárias e não se deixe contagiar pelas emoções. Termine o que está em andamento, chegue a conclusões e resolva pendências. Este é um período de escolhas e de finalizações.

- Importante: abra a mente para novos conhecimentos.
- Cuidado: controle o excesso de emotividade.

Terceiro passo:

Conhecendo a energia do seu DIA pessoal

Para completar o seu Guia Numerológico, você precisa saber, a cada dia, sob qual vibração você está, ou seja, o seu Dia Pessoal. Assim como os anos e os meses, os dias se repetem em ciclos de nove. E os cálculos são também muito simples.

Como você já encontrou a energia do seu Mês Pessoal, agora é só acrescentar a ele o dia em questão. Voltando ao nosso exemplo, você calculou que a pessoa, em janeiro, estava num Mês Pessoal 7. Vamos supor que estamos no dia 10 de janeiro. Para chegar ao Dia Pessoal basta somar o número do Mês Pessoal ao dia que quer saber. No caso, 7 + 10 = 17, decompondo até um dígito, 1 + 7 = 8. A pessoa, no dia 10 de janeiro, está num dia de energia 8.

Mês Pessoal		Dia Atual		Dia Pessoal
7	+	1 + 0	=	**8**

Resumindo nosso exemplo, essa pessoa está num **ano de energia 6**, em janeiro está num **mês de energia 7** e no dia 10 de janeiro está num **dia de energia 8**.

Veja a seguir a energia de cada Dia Pessoal.

A energia do seu DIA pessoal

Dia 1

Dia de muito dinamismo. Tome iniciativas, coloque seus planos em ação e faça acontecer.

- É preciso ter: coragem, iniciativa, independência.
- Cuidado com: impaciência, impulsividade e ansiedade.

Use vermelho.

Dia 2

Dia positivo para encontrar pessoas, desenvolver projetos conjuntos e fazer reuniões.

- É preciso ter: cooperação, tranquilidade, gentileza e tolerância.
- Cuidado com: provocações e conflitos com os outros; impaciência.

Use laranja.

Dia 3

Dia para participar de atividades sociais, reunir-se com os amigos, assim como divulgar seu trabalho e a si mesmo.

- É preciso ter: otimismo, expressividade e organização.
- Cuidado com: exageros, fofocas, falta de atenção e dispersão.

Use amarelo.

Dia 4

Dia para realizar tarefas de arrumação e organização. Resolva os pequenos problemas rotineiros e os que estão atrapalhando seus planos.

- É preciso ter: metodologia, praticidade e perseverança.
- Cuidado com: teimosia, preguiça e falta de disciplina.

Use verde.

Dia 5

Dia para renovar atitudes, desejos e situações. Mude a rotina. Nem tudo o que foi planejado ocorre. Calma!

- É preciso ter: flexibilidade, criatividade e abertura para o inesperado.
- Cuidado com: inquietação, impaciência e irresponsabilidade.

Use azul-claro.

Dia 6

Dia de assumir responsabilidades e ajudar alguém. Favorece reuniões e assinatura de contratos.

- É preciso ter: compreensão, tolerância, generosidade, bom senso e equilíbrio.
- Cuidado com: excesso de zelo e carência emocional.

Use azul-anil.

Dia 7

Dia em que você avalia situações. Por isso, necessita de mais privacidade. É melhor deixar para outro momento reuniões, assinaturas de papéis e encontros afetivos.

- É preciso ter: capacidade de observação e análise.
- Cuidado com: crítica exagerada, isolamento, melancolia.

Use lilás.

Dia 8

Dia em que você toma decisões com grande eficiência. Favorece encontros de negócios, participação em projetos e superação de obstáculos.

- É preciso ter: autoconfiança, objetividade e capacidade de julgamento.
- Cuidado com: ambição desmedida e autoritarismo.

Use marrom.

Dia 9

Dia de definições e posicionamento. Você conclui trabalhos, situações e acordos que estão em andamento. Há um retorno a assuntos do passado, provocando sentimentalismo e ansiedade.

- É preciso ter: tolerância, desapego e perdão.
- Cuidado com: excesso de emotividade, passividade.

Use rosa.

Agenda 2010

Janeiro

1

○ Lua Cheia

Sexta-Feira

1 - Confraternização universal

Sua energia no mês de janeiro ⬡ + 1 = ⬡ → ____ + ____ = ⬡ *Sua energia no dia de HOJE*

9 ______________________________

10 ______________________________

11 ______________________________

12 ______________________________

13 ______________________________

14 ______________________________

15 ______________________________

16 ______________________________

17 ______________________________

18 ______________________________

____

____

____

Este é um novo mês e, portanto, sua energia pessoal vai mudar. Por intermédio do conhecimento dessa energia, voce pode saber quais são as circunstâncias favoráveis e as que terá de alterar para o seu benefício. Comece, portanto, a personalizar sua agenda. Anote nos espaços correspondentes o número do seu mês (janeiro) e os dos seus dias.

Janeiro

2

Sábado

○ Lua Cheia

Sua energia no mês de janeiro ⬡ + 2 = ⬡ → ____ + ____ = ⬡ *Sua energia no dia de HOJE*

3

Domingo

○ Lua Cheia

Sua energia no mês de janeiro ⬡ + 3 = ⬡ → ____ + ____ = ⬡ *Sua energia no dia de HOJE*

Janeiro

4

○ Lua Cheia

Segunda-Feira

Sua energia no mês de janeiro ⬡ + 4 = ⬡ → ____ + ____ = ⬡ *Sua energia no dia de HOJE*

9 ______________________________

10 ______________________________

11 ______________________________

12 ______________________________

13 ______________________________

14 ______________________________

15 ______________________________

16 ______________________________

17 ______________________________

18 ______________________________

O dia do seu aniversário é uma data especial, pois um novo ano numerológico tem início e o universo lhe traz uma nova energia. Vamos ver nas próximas páginas como identificá-lo.

5 Janeiro

Terça-Feira

○ Lua Cheia

Sua energia no mês de janeiro ⬡ + 5 = ⬡ → ____ + ____ = ⬡ *Sua energia no dia de HOJE*

9

10

11

12

13

14

15

16

17

18

"Os chineses utilizam duas pinceladas para escrever a palavra crise. Uma pincelada significa perigo; a outra, oportunidade. Em uma crise toma-se consciência do perigo, mas se reconhece a oportunidade."

John Kennedy

Janeiro

6

○ Lua Cheia

Quarta-Feira

Sua energia no mês de janeiro ⬡ + 6 = ⬡ → ____ + ____ = ⬡ *Sua energia no dia de HOJE*

9

10

11

12

13

14

15

16

17

18

Localize na agenda a data do seu aniversário — esse momento tão especial de sua vida! Desenhe um sol nessa página, imaginando que haverá muita luz no seu caminho.

7

Janeiro

Quinta-Feira

☽ Lua Minguante

Sua energia no mês de janeiro ⬡ + 7 = ⬡ → ____ + ____ = ⬡ *Sua energia no dia de HOJE*

9

10

11

12

13

14

15

16

17

18

"Aprender é um processo constante, não um processo aditivo, acumulativo."
Krishnamurti

Janeiro

8

☽ Lua Minguante

Sexta-Feira

Sua energia no mês de janeiro ⬡ + 8 = ⬡ → ____ + ____ = ⬡ *Sua energia no dia de HOJE*

9

10

11

12

13

14

15

16

17

18

Na data do seu aniversário pinte o sol desenhado por você com a cor indicada, a fim de potencializar a energia do número do seu ano pessoal. Se você entra no Ano 1: vermelho; Ano 2: laranja; Ano 3: amarelo; Ano 4: verde; Ano 5: azul-claro; Ano 6: azul-anil; Ano 7: lilás; Ano 8: marrom; Ano 9: rosa.

Janeiro

9

Sábado ☽ Lua Minguante

Sua energia no mês de janeiro ⬡ + 9 = ⬡ → ____ + ____ = ⬡ *Sua energia no dia de HOJE*

10

Domingo ☽ Lua Minguante

Sua energia no mês de janeiro ⬡ +10 = ⬡ → ____ + ____ = ⬡ *Sua energia no dia de HOJE*

Janeiro

11

☽ Lua Minguante

Segunda-Feira

Sua energia no mês de janeiro ⬡ +11= ⬡ → ____ + ____ = ⬡ *Sua energia no dia de HOJE*

9

10

11

12

13

14

15

16

17

18

Vermelho: estimula a vitalidade física, é energizante e revitalizante. Aumenta a vontade, sugere motivação e iniciativa. Provoca o aquecimento do corpo e estimula o sistema nervoso. Atenua a melancolia, a tristeza.

12 Janeiro

Terça-Feira ☽ Lua Minguante

Sua energia no mês de janeiro ⬡ +12= ⬡ → ____ + ____ = ⬡ *Sua energia no dia de HOJE*

9

10

11

12

13

14

15

16

17

18

"Os números em si representam princípios universais através dos quais todas as coisas evoluem e continuam a crescer de forma cíclica. Toda a manifestação é o resultado de 9 estágios."

Faith Javane

Janeiro

13

☽ Lua Minguante

Quarta-Feira

Sua energia no mês de janeiro ⬡ +13= ⬡ → ____ + ____ = ⬡ *Sua energia no dia de HOJE*

9

10

11

12

13

14

15

16

17

18

Laranja: energizante, reflete entusiamo, vivacidade, vitalidade. Estimula a confiança, a coragem, a atitude positiva. Influencia as funções mentais.

14 Janeiro

Quinta-Feira

☽ Lua Minguante

Sua energia no mês de janeiro ⬡ +14 = ⬡ → ____ + ____ = ⬡ *Sua energia no dia de HOJE*

9
___
10
___
11
___
12
___
13
___
14
___
15
___
16
___
17
___
18
___

"Nenhum homem é sábio por casualidade."

Seneca

15

Janeiro

● Lua Nova

Sexta-Feira

Sua energia no mês de janeiro ⬡ +15= ⬡ → ____ + ____ = ⬡ *Sua energia no dia de HOJE*

9

10

11

12

13

14

15

16

17

18

Amarelo: estimula a natureza lógica, racional e intelectual. Traz organização mental. Promove a esperança e o otimismo. Cor que ilumina e traz a comunicação do conhecimento. Estimula várias funções corporais, diminui a rigidez.

Janeiro

16

Sábado

● Lua Nova

Sua energia no mês de janeiro ⬡ +16= ⬡ → ____ + ____ = ⬡ *Sua energia no dia de HOJE*

17

Domingo

● Lua Nova

Sua energia no mês de janeiro ⬡ +17= ⬡ → ____ + ____ = ⬡ *Sua energia no dia de HOJE*

Janeiro 18

● Lua Nova

Segunda-Feira

Sua energia no mês de janeiro ⬡ +18= ⬡ → ____ + ____ = ⬡ *Sua energia no dia de HOJE*

9

10

11

12

13

14

15

16

17

18

Verde: estimula a limpeza, a harmonia e o equilíbrio. Cor da verdade. Reflete a cooperação, a adaptabilidade, a participação. Traz segurança e proteção. Limpa, equilibra e recupera.

19 Janeiro

Terça-Feira

● Lua Nova

Sua energia no mês de janeiro ⬡ +19 = ⬡ → ____ + ____ = ⬡ *Sua energia no dia de HOJE*

9

10

11

12

13

14

15

16

17

18

"A sabedoria chega quando há amadurecimento na percepção de si mesmo. Se não conhecemos a nós mesmos, a ordem não é possível e, portanto, não há virtude."

Krishnamurti

Janeiro 20

● Lua Nova

Quarta-Feira

Sua energia no mês de janeiro ⬡ +20= ⬡ → ____+____= ⬡ *Sua energia no dia de HOJE*

9

10

11

12

13

14

15

16

17

18

Azul-claro: permite a clareza de visão e a facilidade na comunicação. Irradia bem-estar. Seu frescor oferece possibilidade de mudança e transformação. Traz serenidade e relaxamento. Diminui o estresse e as tensões.

21 Janeiro

Quinta-Feira

● Lua Nova

Sua energia no mês de janeiro ⬡ +21= ⬡ → ____ + ____ = ⬡ *Sua energia no dia de HOJE*

9

10

11

12

13

14

15

16

17

18

"O mais lento em prometer é sempre o mais fiel a cumprir."
J. J. Rousseau

Janeiro 22

● Lua Nova

Sexta-Feira

Sua energia no mês de janeiro ⬡ +22= ⬡ → ____ + ____ = ⬡ *Sua energia no dia de HOJE*

9

10

11

12

13

14

15

16

17

18

Azul: relaxante, traz eixo e equilíbrio, reduz a ansiedade, ajuda a ancorar nossa energia equilibradamente. Associada ao dever, à beleza, à responsabilidade.

Janeiro

23

Sábado

☾ Lua Crescente

Sua energia no mês de janeiro ⬡ +23= ⬡ → ____ + ____ = ⬡ Sua energia no dia de HOJE

24

Domingo

☾ Lua Crescente

Sua energia no mês de janeiro ⬡ +24= ⬡ → ____ + ____ = ⬡ Sua energia no dia de HOJE

Janeiro 25

☾ Lua Crescente

Segunda-Feira

Sua energia no mês de janeiro ⬡ +25= ⬡ → ____ + ____ = ⬡ *Sua energia no dia de HOJE*

9 ______

10 ______

11 ______

12 ______

13 ______

14 ______

15 ______

16 ______

17 ______

18 ______

Lilás: estimula a cura, permite a meditação. Cor purificadora.

26 Janeiro

Terça-Feira

☾ Lua Crescente

Sua energia no mês de janeiro ⬡ +26= ⬡ → ____ + ____ = ⬡ *Sua energia no dia de HOJE*

9

10

11

12

13

14

15

16

17

18

Janeiro

27

☾ Lua Crescente

Quarta-Feira

Sua energia no mês de janeiro ⬡ +27= ⬡ → ____ + ____ = ⬡ *Sua energia no dia de HOJE*

9

10

11

12

13

14

15

16

17

18

Marrom: estimula a estabilidade e a organização. É a cor da terra, da raiz, da permanência. Estimula a confiança e as funções mentais.

28 Janeiro

Quinta-Feira

☾ Lua Crescente

Sua energia no mês de janeiro ⬡ +28= ⬡ → ____+____= ⬡ *Sua energia no dia de HOJE*

9

10

11

12

13

14

15

16

17

18

"Faça o que possa, com o que tenha, e onde estiver."
Theodore Roosevelt

Janeiro 29

☾ Lua Crescente

Sexta-Feira

Sua energia no mês de janeiro ⬡ +29= ⬡ → ____ + ____ = ⬡ *Sua energia no dia de HOJE*

9 ____________________

10 ____________________

11 ____________________

12 ____________________

13 ____________________

14 ____________________

15 ____________________

16 ____________________

17 ____________________

18 ____________________

Rosa: Relaciona-se com a beleza, a harmonia e o amor. Favorece o companheirismo e o equilíbrio. Influencia as emoções e a sensibilidade.

Janeiro

30

Sábado

○ Lua Cheia

Sua energia no mês de janeiro ⬡ +30= ⬡ →____+____= ⬡ *Sua energia no dia de HOJE*

31

Domingo

○ Lua Cheia

Sua energia no mês de janeiro ⬡ +31= ⬡ →____+____= ⬡ *Sua energia no dia de HOJE*

Este é o último dia do seu mês de janeiro. Faça, portanto, uma reflexão acerca de como você viveu o seu número, a sua energia nesse período. Amanhã, você entra em outra vibração que o Universo põe à sua disposição.

Fevereiro

1

○ Lua Cheia

Segunda-Feira

Sua energia no mês de fevereiro ⬡ + 1 = ⬡ → ____ + ____ = ⬡ *Sua energia no dia de HOJE*

9 ______________________________

10 ______________________________

11 ______________________________

12 ______________________________

13 ______________________________

14 ______________________________

15 ______________________________

16 ______________________________

17 ______________________________

18 ______________________________

____

____

____

Você começa um novo período e já sabe qual é sua energia pessoal para este mês. Direcione seu pensamento positivo para os seus objetivos. Abra caminhos com o poder do seu desejo.

2 Fevereiro

Terça-Feira

○ Lua Cheia

Sua energia no mês de fevereiro ⬡ + 2 = ⬡ → ____ + ____ = ⬡ *Sua energia no dia de HOJE*

9 ______________________________

10 ______________________________

11 ______________________________

12 ______________________________

13 ______________________________

14 ______________________________

15 ______________________________

16 ______________________________

17 ______________________________

18 ______________________________

____

____

____

"Caminhante não há caminho. Se faz o caminho ao andar."

Antonio Machado

Fevereiro 3

○ Lua Cheia

Quarta-Feira

Sua energia no mês de fevereiro ⬡ + 3 = ⬡ → ____ + ____ = ⬡ *Sua energia no dia de HOJE*

9

10

11

12

13

14

15

16

17

18

4 Fevereiro

Quinta-Feira

O Lua Cheia

Sua energia no mês de fevereiro ⬡ + 4 = ⬡ → ____ + ____ = ⬡ Sua energia no dia de HOJE

9

10

11

12

13

14

15

16

17

18

Cada pessoa possui o seu próprio conjunto de números que, simbolicamente, representam sua essência. São seis os números principais: 1. a soma das vogais do seu nome de nascimento; 2. a soma das consoantes do seu nome de nascimento; 3. a soma total do nome de nascimento; 4. a soma da data de nascimento; 5. o dia de nascimento; 6. o primeiro nome.

Fevereiro

5

☽ Lua Minguante

Sexta-Feira

Sua energia no mês de fevereiro ⬡ + 5 = ⬡ → ____ + ____ = ⬡ *Sua energia no dia de HOJE*

9

10

11

12

13

14

15

16

17

18

Os seus seis números principais são assim denominados: **1.** soma das vogais é o Número da Alma; **2.** soma das consoantes é o Número da Personalidade Exterior; **3.** soma total é o Número do Destino; **4.** data de nascimento é a Lição de Vida; **5.** Dia de nascimento; **6.** primeiro nome é o Nome de Vida.

Fevereiro

6

Sábado

☽ Lua Minguante

Sua energia no mês de fevereiro ⬡ + 6 = ⬡ → ____ + ____ = ⬡ *Sua energia no dia de HOJE*

7

Domingo

☽ Lua Minguante

Sua energia no mês de fevereiro ⬡ + 7 = ⬡ → ____ + ____ = ⬡ *Sua energia no dia de HOJE*

Fevereiro 8

☽ Lua Minguante

Segunda-Feira

Sua energia no mês de fevereiro ⬡ + 8 = ⬡ → ____ + ____ = ⬡ *Sua energia no dia de HOJE*

9

10

11

12

13

14

15

16

17

18

"A transformação do mundo é o resultado da transformação de cada um, porque cada um é produto e parte do processo total da existência humana."
Krishnamurti

9 Fevereiro

Terça-Feira

☽ Lua Minguante

Sua energia no mês de fevereiro ⬡ + 9 = ⬡ → ____ + ____ = ⬡ *Sua energia no dia de HOJE*

9 ________________________________

10 ________________________________

11 ________________________________

12 ________________________________

13 ________________________________

14 ________________________________

15 ________________________________

16 ________________________________

17 ________________________________

18 ________________________________

O seu nome:

O Número da Alma conta sobre sua experiência em vidas passadas, que influencia na vida atual.

Fevereiro 10

☽ Lua Minguante

Quarta-Feira

Sua energia no mês de fevereiro ⬡ +10 = ⬡ → ____ + ____ = ⬡ *Sua energia no dia de HOJE*

9 ____________________

10 ____________________

11 ____________________

12 ____________________

13 ____________________

14 ____________________

15 ____________________

16 ____________________

17 ____________________

18 ____________________

O seu nome:

O Número da Personalidade Exterior conta sobre suas características pessoais que são mais evidentes para as outras pessoas.

11 Fevereiro

Quinta-Feira

☽ Lua Minguante

Sua energia no mês de fevereiro ⬡ +11= ⬡ → ____ + ____ = ⬡ *Sua energia no dia de HOJE*

9

10

11

12

13

14

15

16

17

18

O seu nome:
O Número do Destino conta sobre o caminho a seguir nesta vida, suas oportunidades e experiências.

Fevereiro 12

☽ Lua Minguante

Sexta-Feira

Sua energia no mês de fevereiro ⬡ +12= ⬡ → ____ + ____ = ⬡ *Sua energia no dia de HOJE*

9

10

11

12

13

14

15

16

17

18

O seu nome:

O Número da Vida conta qual é a sua reação imediata aos estímulos.

Fevereiro

13

Sábado

☽ Lua Minguante

Sua energia no mês de fevereiro ⬡ +13 = ⬡ → ____ + ____ = ⬡ *Sua energia no dia de HOJE*

14

Domingo

● Lua Nova

Sua energia no mês de fevereiro ⬡ +14 = ⬡ → ____ + ____ = ⬡ *Sua energia no dia de HOJE*

Fevereiro 15

● Lua Nova

Segunda-Feira

Sua energia no mês de fevereiro ⬡ +15 = ⬡ → ____ + ____ = ⬡ *Sua energia no dia de HOJE*

9 ______

10 ______

11 ______

12 ______

13 ______

14 ______

15 ______

16 ______

17 ______

18 ______

A soma da sua data de nascimento indica seu principal número, aquele que você deve aprender. Acompanhe nas próximas páginas as características do seu **Número de Lição de Vida.**

16 Fevereiro

16 - Carnaval

Terça-Feira

● Lua Nova

Sua energia no mês de fevereiro ⬡ +16= ⬡ → ____ + ____ = ⬡ Sua energia no dia de HOJE

9

10

11

12

13

14

15

16

17

18

Para saber o Número da Lição de Vida some o dia + o mês + o ano de seu nascimento, conforme o exemplo: 14 de novembro de 1979 = (14) + (11) + (26) = 51 (5 + 1 = 6). **O Número de Lição de Vida é 6.** Atenção! se a soma for o número 11, não reduza para 2.

Fevereiro 17

● Lua Nova

Quarta-Feira

Sua energia no mês de fevereiro ⬡ +17= ⬡ → ____ + ____ = ⬡ *Sua energia no dia de HOJE*

9

10

11

12

13

14

15

16

17

18

Número de Lição de Vida 1:

O Empreendedor: audacioso, independente e impulsivo, terá sempre muitas ideias e estará pronto para a ação. Dotado de uma energia natural para a liderança, não gosta de receber ordens.

18 Fevereiro

Quinta-Feira

● Lua Nova

Sua energia no mês de fevereiro ⬡ +18= ⬡ → ____ + ____ = ⬡ *Sua energia no dia de HOJE*

9

10

11

12

13

14

15

16

17

18

Número de Lição de Vida 2:

O Conciliador: sensível e cooperativo, terá grande capacidade de compreender as pessoas e de lhes servir de apoio. Bastante sociável e gentil, atrai as pessoas para o seu convívio.

Fevereiro 19

● Lua Nova

Sexta-Feira

Sua energia no mês de fevereiro ⬡ +19= ⬡ → ____+____= ⬡ *Sua energia no dia de HOJE*

9
10
11
12
13
14
15
16
17
18

Número de Lição de Vida 3:

O Comunicativo: otimista, alegre e criativo, está sempre em intensa atividade. Não passa despercebido, é popular e tem grande interesse pelo mundo externo, pelos acontecimentos, pela variedade de situações.

Fevereiro

20

Sábado

● Lua Nova

Sua energia no mês de fevereiro ⬡ +20 = ⬡ → ____ + ____ = ⬡ *Sua energia no dia de HOJE*

21

Domingo

● Lua Nova

Sua energia no mês de fevereiro ⬡ +21 = ⬡ → ____ + ____ = ⬡ *Sua energia no dia de HOJE*

Fevereiro 22

☾ Lua Crescente

Segunda-Feira

Sua energia no mês de fevereiro ⬡ +22= ⬡ → ____ + ____ = ⬡ Sua energia no dia de HOJE

9

10

11

12

13

14

15

16

17

18

Número de Lição de Vida 4:

O Construtor: dotado de grande força pessoal e capacidade de organização, é trabalhador incansável. Com seu senso prático e necessidade de controlar tudo, transforma suas ideias em produtos concretos.

23 Fevereiro

Terça-Feira

☾ Lua Crescente

Sua energia no mês de fevereiro ⬡ +23= ⬡ → ____ + ____ = ⬡ *Sua energia no dia de HOJE*

9

10

11

12

13

14

15

16

17

18

"Um líder é aquele que conhece o caminho, percorre o caminho e mostra o caminho."

John C. Maxwell

Fevereiro 24

☾ Lua Crescente

Quarta-Feira

Sua energia no mês de fevereiro ⬡ +24= ⬡ → ____ + ____ = ⬡ *Sua energia no dia de HOJE*

9

10

11

12

13

14

15

16

17

18

Número de Lição de Vida 5:

O Aventureiro: livre e espontâneo, usa sua ousadia para explorar novas ideias e diferentes ações. Com sua grande criatividade e capacidade de improvisar, contribui para o progresso e a modernidade.

25 Fevereiro

Quinta-Feira

☾ Lua Crescente

Sua energia no mês de fevereiro ⬡ +25= ⬡ → ____ + ____ = ⬡ *Sua energia no dia de HOJE*

9

10

11

12

13

14

15

16

17

18

"O mundo é feito com o poder dos números."

Aristóteles

Fevereiro 26

☾ Lua Crescente

Sexta-Feira

Sua energia no mês de fevereiro ⬡ +26= ⬡ → ____ + ____ = ⬡ *Sua energia no dia de HOJE*

9 ______

10 ______

11 ______

12 ______

13 ______

14 ______

15 ______

16 ______

17 ______

18 ______

Número de Lição de Vida 6:

O Responsável: sociável e generoso, dedica-se e preocupa-se com sua família, seus amigos e sua comunidade. Valoriza a arte e a beleza, e procura ter um comportamento justo e equilibrado.

Fevereiro

27

Sábado ☾ Lua Crescente

Sua energia no mês de fevereiro ⬡ +27= ⬡ → ____ + ____ = ⬡ *Sua energia no dia de HOJE*

28

Domingo ○ Lua Cheia

Sua energia no mês de fevereiro ⬡ +28= ⬡ → ____ + ____ = ⬡ *Sua energia no dia de HOJE*

Este é o último dia do mês. Reflita sobre seus objetivos e como você se organizou para atingi-los.

Março

1

O Lua Cheia

Segunda-Feira

Sua energia no mês de março ⬡ + 1 = ⬡ → ____ + ____ = ⬡ Sua energia no dia de HOJE

9 ______

10 ______

11 ______

12 ______

13 ______

14 ______

15 ______

16 ______

17 ______

18 ______

Faça planos a longo, médio e curto prazos. Aproveite, pois a energia do mês mudou e seu direcionamento para a vida também passa por ajustes.

2

Março

Terça-Feira

O Lua Cheia

Sua energia no mês de março ⬡ + 2 = ⬡ → ____ + ____ = ⬡ Sua energia no dia de HOJE

9

10

11

12

13

14

15

16

17

18

"Quando damos um nome a qualquer coisa que experimentamos, vemos ou sentimos, a palavra se torna extraordinariamente significativa, e a palavra é tempo. O tempo é espaço, e a palavra é o centro de tudo."

Krishnamurti

Março

3

○ Lua Cheia

Quarta-Feira

Sua energia no mês de março ⬡ + 3 = ⬡ → ____ + ____ = ⬡ *Sua energia no dia de HOJE*

9 ____

10 ____

11 ____

12 ____

13 ____

14 ____

15 ____

16 ____

17 ____

18 ____

Número de Lição de Vida 7:

O Pensador: reflexivo e contemplativo, costuma analisar os fatos com profundidade. Pode desenvolver um lado filosófico, místico ou extremamente lógico e racional.

4

Março

Quinta-Feira

○ Lua Cheia

Sua energia no mês de março ⬡ + 4 = ⬡ → ____ + ____ = ⬡ *Sua energia no dia de HOJE*

9 ______________________________

10 ______________________________

11 ______________________________

12 ______________________________

13 ______________________________

14 ______________________________

15 ______________________________

16 ______________________________

17 ______________________________

18 ______________________________

____

____

____

"Estabelecer metas é o primeiro passo para transformar invisível em visível."
Anthony Robbins

Março

5

O Lua Cheia

Sexta-Feira

Sua energia no mês de março ⬡ + 5 = ⬡ → ____ + ____ = ⬡ *Sua energia no dia de HOJE*

9 ____________________

10 ____________________

11 ____________________

12 ____________________

13 ____________________

14 ____________________

15 ____________________

16 ____________________

17 ____________________

18 ____________________

____

____

____

Número de Lição de Vida 8:

O Executivo: ambicioso e dotado de grande vitalidade, soluciona problemas com facilidade. Com seu jeito decidido quer construir seu império material e uma vida sólida e próspera.

Março

6

Sábado

○ Lua Cheia

Sua energia no mês de março ⬡ + 6 = ⬡ → ____ + ____ = ⬡ Sua energia no dia de HOJE

7

Domingo

☽ Lua Minguante

Sua energia no mês de março ⬡ + 7 = ⬡ → ____ + ____ = ⬡ Sua energia no dia de HOJE

Março

8

☽ Lua Minguante

Segunda-Feira

Sua energia no mês de março ⬡ + 8 = ⬡ → ____ + ____ = ⬡ *Sua energia no dia de HOJE*

9

10

11

12

13

14

15

16

17

18

"Se ao lado da biblioteca houver um jardim, nada falta."

Chateaubriand

9 Março

Terça-Feira

☽ Lua Minguante

Sua energia no mês de março ⬡ + 9 = ⬡ → ____ + ____ = ⬡ *Sua energia no dia de HOJE*

9 ____________________

10 ____________________

11 ____________________

12 ____________________

13 ____________________

14 ____________________

15 ____________________

16 ____________________

17 ____________________

18 ____________________

Número de Lição de Vida 9:

O Idealista: altruísta e solidário, precisa ter um ideal, uma causa para dedicar-se. Sensibiliza-se com o ser humano, o conhecimento e a vida. Possui grandes recursos internos e influencia as pessoas.

Março

10

☽ Lua Minguante

Quarta-Feira

Sua energia no mês de março ⬡ +10 = ⬡ → ____ + ____ = ⬡ Sua energia no dia de HOJE

9

10

11

12

13

14

15

16

17

18

"Quando buscamos a felicidade por meio de algo, esse algo adquire um valor maior do que a felicidade em si mesma."

Krishnamurti

11 Março

Quinta-Feira

☽ Lua Minguante

Sua energia no mês de março ⬡ +11= ⬡ → ____ + ____ = ⬡ *Sua energia no dia de HOJE*

9

10

11

12

13

14

15

16

17

18

Número de Lição de Vida 11:
O Inspirado: líder criativo e visionário, consegue aperfeiçoar as condições existentes. Serve de fonte de inspiração para as pessoas, trazendo soluções e consciência espiritual.

Março

12

☽ Lua Minguante

Sexta-Feira

Sua energia no mês de março ⬡ +12= ⬡ → ____ + ____ = ⬡ *Sua energia no dia de HOJE*

9

10

11

12

13

14

15

16

17

18

"Se você quer atingir uma meta, deve vê-la primeiro em sua mente."

Zig Ziglar

Março

13

Sábado

☽ Lua Minguante

Sua energia no mês de março ⬡ +13 = ⬡ → ____ + ____ = ⬡ Sua energia no dia de HOJE

14

Domingo

☽ Lua Minguante

Sua energia no mês de março ⬡ +14 = ⬡ → ____ + ____ = ⬡ Sua energia no dia de HOJE

Março

15

● Lua Nova

Segunda-Feira

Sua energia no mês de março ⬡ +15= ⬡ → ____+____= ⬡ *Sua energia no dia de HOJE*

9

10

11

12

13

14

15

16

17

18

Agora que você já sabe seu Número de Lição de Vida e o que deve aprender, vamos conhecer o desafio que tem de enfrentar.

16 Março

Terça-Feira

● Lua Nova

Sua energia no mês de março ⬡ +16 = ⬡ → ____ + ____ = ⬡ *Sua energia no dia de HOJE*

9

10

11

12

13

14

15

16

17

18

"Menino, preciso interromper a entrevista um momento. Um beija-flor acaba de pousar."

Dorival Caymmi

Março

17

● Lua Nova

Quarta-Feira

Sua energia no mês de março ⬡ +17= ⬡ → ____ + ____ = ⬡ Sua energia no dia de HOJE

9

10

11

12

13

14

15

16

17

18

Quem tem Número de Lição de Vida 1:
Lidar com egocentrismo e arrogância.

18 Março

Quinta-Feira

● Lua Nova

Sua energia no mês de março ⬡ +18 = ⬡ → ____ + ____ = ⬡ *Sua energia no dia de HOJE*

9

10

11

12

13

14

15

16

17

18

Quem tem Número de Lição de Vida 2:
Lidar com excesso de sentimentalismo.

Março

19

● Lua Nova

Sexta-Feira

Sua energia no mês de março ⬡ +19= ⬡ → ____ + ____ = ⬡ *Sua energia no dia de HOJE*

9

10

11

12

13

14

15

16

17

18

Quem tem Número de Lição de Vida 3:
Lidar com a dispersividade.

Março

20

Sábado

● Lua Nova

Sua energia no mês de março ⬡ +20= ⬡ → ____ + ____ = ⬡ Sua energia no dia de HOJE

21

Domingo

● Lua Nova

Sua energia no mês de março ⬡ +21= ⬡ → ____ + ____ = ⬡ Sua energia no dia de HOJE

Março

22

● Lua Nova

Segunda-Feira

Sua energia no mês de março ⬡ +22= ⬡ → ____ + ____ = ⬡ *Sua energia no dia de HOJE*

9

10

11

12

13

14

15

16

17

18

Quem tem Número de Lição de Vida 4:

Lidar com a rigidez e a necessidade de controlar.

23

Março

Terça-Feira

☾ Lua Crescente

Sua energia no mês de março ⬡ +23= ⬡ → ____ + ____ = ⬡ *Sua energia no dia de HOJE*

9

10

11

12

13

14

15

16

17

18

Março

24

☾ Lua Crescente

Quarta-Feira

Sua energia no mês de março ⬡ +24 = ⬡ → ____ + ____ = ⬡ Sua energia no dia de HOJE

9 ______________________________

10 ______________________________

11 ______________________________

12 ______________________________

13 ______________________________

14 ______________________________

15 ______________________________

16 ______________________________

17 ______________________________

18 ______________________________

____

____

____

Quem tem Número de Lição de Vida 5:
Lidar com a impaciência e a inquietação.

25 Março

Quinta-Feira

☾ Lua Crescente

Sua energia no mês de março ⬡ +25= ⬡ → ____ + ____ = ⬡ Sua energia no dia de HOJE

9 ______

10 ______

11 ______

12 ______

13 ______

14 ______

15 ______

16 ______

17 ______

18 ______

"Para descobrir o verdadeiro significado da felicidade devemos explorar o rio do conhecimento de si mesmo."

Krishnamurti

Março

26

☾ Lua Crescente

Sexta-Feira

Sua energia no mês de março ⬡ +26= ⬡ → ____ + ____ = ⬡ *Sua energia no dia de HOJE*

9

10

11

12

13

14

15

16

17

18

Quem tem Número de Lição de Vida 6:
Lidar com o ciúme e a interferência na vida alheia.

Março

27

Sábado ☾ Lua Crescente

Sua energia no mês de março ⬡ +27= ⬡ → ____+____= ⬡ Sua energia no dia de HOJE

28

Domingo ☾ Lua Crescente

Sua energia no mês de março ⬡ +28= ⬡ → ____+____= ⬡ Sua energia no dia de HOJE

Março

29

☾ Lua Crescente

Segunda-Feira

Sua energia no mês de março ⬡ +29 = ⬡ → ____ + ____ = ⬡ *Sua energia no dia de HOJE*

9

10

11

12

13

14

15

16

17

18

Quem tem Número de Lição de Vida 7:
Lidar com a insegurança e a exigência.

30 Março

Terça-Feira

○ Lua Cheia

Sua energia no mês de março ⬡ +30= ⬡ → ____ + ____ = ⬡ Sua energia no dia de HOJE

9 ______

10 ______

11 ______

12 ______

13 ______

14 ______

15 ______

16 ______

17 ______

18 ______

"Cada decisão que você toma gera um resultado."
Zig Ziglar

Março

31

○ Lua Cheia

Quarta-Feira

Sua energia no mês de março ⬡ +31= ⬡ → ____ + ____ = ⬡ *Sua energia no dia de HOJE*

9

10

11

12

13

14

15

16

17

18

Neste último dia do mês fique atento a todas as possibilidades de aprendizagem que você teve. Elas farão a diferença no seu futuro.

Os Números e os Chacras

Os números se relacionam com todas as fontes de energia. Entre elas estão os chacras, os sete pontos energéticos localizados em nosso corpo.

Os chacras são elementos de ligação entre os órgãos, as glândulas, os centros nervosos do corpo e as forças vitais que animam o corpo físico.

Para garantir uma excelente vitalidade, bem-estar emocional e harmonia geral da saúde é importante manter os chacras em equilíbrio, sem bloqueios, abertos para a circulação de energia.

A seguir conheceremos onde estão localizados os chacras e a que número correspondem.

Chacra da coroa:

Localizado na parte superior da cabeça. É o ponto de relação entre a pessoa e sua espiritualidade. É ativado de forma especial durante a prática da meditação.

Relaciona-se com o número 11.

Chacra do terceiro olho:

Situado entre os olhos. É o centro da percepção, do conhecimento do universo. Estimula a intuição e permite enxergar além do nível físico (espaço e tempo). É o chacra da visão, da clarividência.

Relaciona-se com os números 9 e 7.

Chacra laríngeo:

Situado na base do pescoço. É o centro da comunicação e da criatividade. Também é o centro da vontade.

Relaciona-se com o número 3.

Chacra do coração:

Situado no meio do peito. Rege as emoções, o amor ao próximo, o amor incondicional. Lida com as emoções que unem as pessoas nos diversos relacionamentos, como o perdão, a compaixão, a compreensão.

Relaciona-se com os números 6, 9 e 2.

Chacra do plexo solar:

Situado acima do umbigo. Está associado à questão do poder pessoal do indivíduo e controle de si mesmo. Rege a vontade, o controle do desejo. Contribui para a vitalidade.

Relaciona-se com os números 8 e 1.

Chacra sacro:

Situado abaixo do umbigo. É a sede energética e sutil da sexualidade. Ligado à reprodução e à capacidade de sentir emoção.

Relaciona-se com o número 5.

Chacra da base:

Situado na base da coluna vertebral. Está associado à vida, à vontade de existir, ao domínio do corpo, ao instinto de sobrevivência e o senso da realidade. Quando ele está equilibrado, vivemos enraizados, com determinação e decisão. Traz vitalidade ao corpo físico.

Relaciona-se com os números 1 e 4.

1 Abril

Quinta-Feira

○ Lua Cheia

Sua energia no mês de abril ⬡ + 1 = ⬡ → ____ + ____ = ⬡ *Sua energia no dia de HOJE*

9

10

11

12

13

14

15

16

17

18

Formule ideias, planeje suas ações, organize seu tempo: outro mês e nova energia impulsiona sua vida. Anote cada um de seus dias nos espaços correspondentes.

Abril

2

O Lua Cheia

Sexta-Feira

2 - Paixão de Cristo

Sua energia no mês de abril ⬡ + 2 = ⬡ → ____ + ____ = ⬡ Sua energia no dia de HOJE

9

10

11

12

13

14

15

16

17

18

Quem tem Número de Lição de Vida 8:
Lidar com o autoritarismo e a ambição desmedida.

Abril

3

Sábado

○ Lua Cheia

Sua energia no mês de abril ⬡ + 3 = ⬡ → ____ + ____ = ⬡ *Sua energia no dia de HOJE*

4

Domingo

○ Lua Cheia

4 - Páscoa

Sua energia no mês de abril ⬡ + 4 = ⬡ → ____ + ____ = ⬡ *Sua energia no dia de HOJE*

Abril

5

○ Lua Cheia

Segunda-Feira

Sua energia no mês de abril ⬡ + 5 = ⬡ → ____ + ____ = ⬡ *Sua energia no dia de HOJE*

9 ____

10 ____

11 ____

12 ____

13 ____

14 ____

15 ____

16 ____

17 ____

18 ____

Quem tem Número de Lição de Vida 9:
Lidar com a inconstância de comportamento.

6 Abril

Terça-Feira

☽ Lua Minguante

Sua energia no mês de abril ⬡ + 6 = ⬡ → ____ + ____ = ⬡ *Sua energia no dia de HOJE*

9

10

11

12

13

14

15

16

17

18

"O conhecimento é o aprimoramento da alma. De qualquer modo que se manifestar, ele é filho da educação. E nasce com o consentimento do amor."

São Francisco de Assis

Abril

7

☽ Lua Minguante

Quarta-Feira

Sua energia no mês de abril ⬡ + 7 = ⬡ → ____ + ____ = ⬡ *Sua energia no dia de HOJE*

9 ______

10 ______

11 ______

12 ______

13 ______

14 ______

15 ______

16 ______

17 ______

18 ______

Quem tem Número de Lição de Vida 11:
Lidar com seus sonhos utópicos.

8 Abril

Quinta-Feira

☽ Lua Minguante

Sua energia no mês de abril ⬡ + 8 = ⬡ → ____ + ____ = ⬡ *Sua energia no dia de HOJE*

9

10

11

12

13

14

15

16

17

18

"Quando você descobre sua natureza essencial, quando sabe quem realmente é, encontra toda sua potencialidade."

Deepak Chopra

Abril

9

☽ Lua Minguante

Sexta-Feira

Sua energia no mês de abril ⬡ + 9 = ⬡ → ____ + ____ = ⬡ *Sua energia no dia de HOJE*

9 ______________________________

10 ______________________________

11 ______________________________

12 ______________________________

13 ______________________________

14 ______________________________

15 ______________________________

16 ______________________________

17 ______________________________

18 ______________________________

Caso você não consiga desenvolver sua Lição de Vida, deve estar atento aos aspectos negativos de seu número, descritos nas próximas páginas.

Abril

10

Sábado

☽ Lua Minguante

Sua energia no mês de abril ⬡ +10 = ⬡ → ____ + ____ = ⬡ Sua energia no dia de HOJE

11

Domingo

☽ Lua Minguante

Sua energia no mês de abril ⬡ +11 = ⬡ → ____ + ____ = ⬡ Sua energia no dia de HOJE

Abril

12

☽ Lua Minguante

Segunda-Feira

Sua energia no mês de abril ⬡ +12= ⬡ → ____ + ____ = ⬡ *Sua energia no dia de HOJE*

9

10

11

12

13

14

15

16

17

18

Número de Lição de Vida 1:
Pode ser indeciso, pouco confiante em si mesmo, passivo.

13 Abril

Terça-Feira ☽ Lua Minguante

Sua energia no mês de abril ⬡ +13= ⬡ → ____ + ____ = ⬡ Sua energia no dia de HOJE

9

10

11

12

13

14

15

16

17

18

Para Pitágoras, a base do Universo é a matemática. Os números controlam e definem a experiência a cada dia.

Abril 14

● Lua Nova

Quarta-Feira

Sua energia no mês de abril ⬡ +14 = ⬡ → ____ + ____ = ⬡ Sua energia no dia de HOJE

9

10

11

12

13

14

15

16

17

18

Número de Lição de Vida 2:
Pode ter comportamento manhoso, arredio às pessoas e fazer-se de vítima.

15

Abril

Quinta-Feira

● Lua Nova

Sua energia no mês de abril ⬡ +15= ⬡ → ____ + ____ = ⬡ *Sua energia no dia de HOJE*

9

10

11

12

13

14

15

16

17

18

"É no conhecer-se que reside a capacidade de realização de todos os sonhos, porque você mesmo representa a possibilidade eterna."

Deepak Chopra

Abril 16

● Lua Nova

Sexta-Feira

Sua energia no mês de abril ⬡ +16 = ⬡ → ____ + ____ = ⬡ *Sua energia no dia de HOJE*

9

10

11

12

13

14

15

16

17

18

Número de Lição de Vida 3:
Pode ser orgulhoso e ter comportamento superficial e fútil.

Abril

17

Sábado

● Lua Nova

Sua energia no mês de abril ⬡ +17= ⬡ → ____ + ____ = ⬡ Sua energia no dia de HOJE

18

Domingo

● Lua Nova

Sua energia no mês de abril ⬡ +18= ⬡ → ____ + ____ = ⬡ Sua energia no dia de HOJE

Abril 19

● Lua Nova

Segunda-Feira

Sua energia no mês de abril ⬡ +19= ⬡ → ____ + ____ = ⬡ *Sua energia no dia de HOJE*

9

10

11

12

13

14

15

16

17

18

Número de Lição de Vida 4:
Pode ser preguiçoso e acomodado. Lento ao executar tarefas.

20

Abril

Terça-Feira

● Lua Nova

Sua energia no mês de abril ⬡ +20 = ⬡ → ____ + ____ = ⬡ *Sua energia no dia de HOJE*

9

10

11

12

13

14

15

16

17

18

"O futuro pertence àqueles que acreditam na beleza de seus sonhos."
Eleanor Roosevelt

Abril

21

☾ Lua Crescente

Quarta-Feira

21 - Tiradentes

Sua energia no mês de abril ⬡ +21= ⬡ → ____ + ____ = ⬡ *Sua energia no dia de HOJE*

9

10

11

12

13

14

15

16

17

18

Número de Lição de Vida 5:
Pode ser irresponsável, criador de confusão e provocador.

22 Abril

Quinta-Feira

☾ Lua Crescente

Sua energia no mês de abril ⬡ +22= ⬡ → ____ + ____ = ⬡ *Sua energia no dia de HOJE*

9

10

11

12

13

14

15

16

17

18

"Nada acontece se antes não sonhamos."

Carl Sandburg

Abril 23

☾ Lua Crescente

Sexta-Feira

Sua energia no mês de abril ⬡ +23= ⬡ → ____ + ____ = ⬡ *Sua energia no dia de HOJE*

9
10
11
12
13
14
15
16
17
18

Número de Lição de Vida 6:
Pode ser dependente da avaliação e opinião das outras pessoas.

Abril

24

Sábado ☾ Lua Crescente

Sua energia no mês de abril ⬡ +24= ⬡ → ____ + ____ = ⬡ Sua energia no dia de HOJE

25

Domingo ☾ Lua Crescente

Sua energia no mês de abril ⬡ +25= ⬡ → ____ + ____ = ⬡ Sua energia no dia de HOJE

Abril 26

☾ Lua Crescente

Segunda-Feira

Sua energia no mês de abril ⬡ +26= ⬡ → ____+____= ⬡ *Sua energia no dia de HOJE*

9

10

11

12

13

14

15

16

17

18

Número de Lição de Vida 7:
Pode parecer esquisito, difícil de contentar, pessimista e sarcástico, ou ainda melancólico.

27 Abril

Terça-Feira

☾ Lua Crescente

Sua energia no mês de abril ⬡ +27= ⬡ → ____ + ____ = ⬡ *Sua energia no dia de HOJE*

9

10

11

12

13

14

15

16

17

18

"Eis um conselho que certa vez ouvi alguém dar: faça sempre o que tem receio de fazer."

Emerson

Abril 28

○ Lua Cheia

Quarta-Feira

Sua energia no mês de abril ⬡ +28= ⬡ → ____ + ____ = ⬡ *Sua energia no dia de HOJE*

9

10

11

12

13

14

15

16

17

18

Número de Lição de Vida 8:
Pode ser manipulador, ter pouca confiança em si mesmo

29

Abril

Quinta-Feira

○ Lua Cheia

Sua energia no mês de abril ⬡ +29 = ⬡ → ____ + ____ = ⬡ Sua energia no dia de HOJE

9

10

11

12

13

14

15

16

17

18

"Uma meta sem um plano é simplesmente um desejo."
Larry Elder

Abril

30

○ Lua Cheia

Sexta-Feira

Sua energia no mês de abril ⬡ +30 = ⬡ → ____ + ____ = ⬡ *Sua energia no dia de HOJE*

9

10

11

12

13

14

15

16

17

18

As experiências passadas são motivações para que você encare seu futuro, os próximos dias, com garra, perseverança e esperança. Você concluiu um período. Esteja aberto para começar outro.

Maio

1

Sábado

○ Lua Cheia

1 - Dia do Trabalho

Sua energia no mês de maio ⬡ + 1 = ⬡ → ____ + ____ = ⬡ Sua energia no dia de HOJE

2

Domingo

○ Lua Cheia

Sua energia no mês de maio ⬡ + 2 = ⬡ → ____ + ____ = ⬡ Sua energia no dia de HOJE

Maio

3

○ Lua Cheia

Segunda-Feira

Sua energia no mês de maio ⬡ + 3 = ⬡ → ____ + ____ = ⬡ *Sua energia no dia de HOJE*

9

10

11

12

13

14

15

16

17

18

Número de Lição de Vida 9:
Pode mostrar-se amargurado, perdido em sentimentalismos, muito magoado e covarde.

4 Maio

Terça-Feira

○ Lua Cheia

Sua energia no mês de maio ⬡ + 4 = ⬡ → ____ + ____ = ⬡ *Sua energia no dia de HOJE*

9

10

11

12

13

14

15

16

17

18

"A verdadeira felicidade é quando você pode desfrutar de si mesmo."
Joseph Addition

Maio

5

○ Lua Cheia

Quarta-Feira

Sua energia no mês de maio ⬡ + 5 = ⬡ → ____ + ____ = ⬡ *Sua energia no dia de HOJE*

9

10

11

12

13

14

15

16

17

18

Número de Lição de Vida 11:
Pode ser dependente e alienado.

6 Maio

Quinta-Feira

☽ Lua Minguante

Sua energia no mês de maio ⬡ + 6 = ⬡ → ____ + ____ = ⬡ *Sua energia no dia de HOJE*

9 __________

10 __________

11 __________

12 __________

13 __________

14 __________

15 __________

16 __________

17 __________

18 __________

"Onde flui o pensamento, flui energia. Para tudo há uma estação e uma razão."

Maio 7

☽ Lua Minguante

Sexta-Feira

Sua energia no mês de maio ⬡ + 7 = ⬡ → ____ + ____ = ⬡ Sua energia no dia de HOJE

9

10

11

12

13

14

15

16

17

18

O dia do seu aniversário, ou seja, o dia do mês em que você nasceu, também tem grande influência na sua vida. Ele identifica talentos especiais que você possui. Acompanhe nas próximas páginas a descrição da sua personalidade de acordo com o dia em que você nasceu.

Maio

8

Sábado

☽ Lua Minguante

Sua energia no mês de maio ⬡ + 8 = ⬡ → ____ + ____ = ⬡ *Sua energia no dia de HOJE*

9

Domingo

☽ Lua Minguante

Sua energia no mês de maio ⬡ + 9 = ⬡ → ____ + ____ = ⬡ *Sua energia no dia de HOJE*

Maio 10

☽ Lua Minguante

Segunda-Feira

Sua energia no mês de maio ⬡ +10 = ⬡ → ____ + ____ = ⬡ *Sua energia no dia de HOJE*

9

10

11

12

13

14

15

16

17

18

Se você nasceu no dia 1 de qualquer mês, você gosta de liderar, ditar as ordens e dar ideias. Pessoas que nasceram no dia 1: Marilyn Monroe (1 de junho); Princesa Diana (1 de julho); Yves St Laurent (1 de agosto); Gloria Stefan (1 de setembro).

11

Maio

Terça-Feira ☽ Lua Minguante

Sua energia no mês de maio ⬡ +11= ⬡ → ____ + ____ = ⬡ *Sua energia no dia de HOJE*

9

10

11

12

13

14

15

16

17

18

“Nossos pensamentos, nossas palavras, nossos atos são fios de uma rede que tecemos ao redor de nós mesmos.”

Dalai Lama

Maio

12

☽ Lua Minguante

Quarta-Feira

Sua energia no mês de maio ⬡ +12= ⬡ → ____ + ____ = ⬡ Sua energia no dia de HOJE

9 ________________

10 ________________

11 ________________

12 ________________

13 ________________

14 ________________

15 ________________

16 ________________

17 ________________

18 ________________

Se você nasceu no dia 2 de qualquer mês é bastante sensível, pacificador e mediador. Pessoas que nasceram no dia 2: Mikhail Gorbachev (2 de março); Hans Christian Andersen (2 de abril); Herman Hesse (2 de julho); Mohandas Gandhi (2 de outubro).

13 Maio

Quinta-Feira

☽ Lua Minguante

Sua energia no mês de maio ⬡ +13= ⬡ → ____ + ____ = ⬡ *Sua energia no dia de HOJE*

9 ____

10 ____

11 ____

12 ____

13 ____

14 ____

15 ____

16 ____

17 ____

18 ____

"É fácil ser valente em lugar seguro."

Aesop

Maio

14

● Lua Nova

Sexta-Feira

Sua energia no mês de maio ⬡ +14= ⬡ → ____ + ____ = ⬡ *Sua energia no dia de HOJE*

9

10

11

12

13

14

15

16

17

18

Se você nasceu no dia 3 de qualquer mês tem ótimo senso de humor, é amigável e expressa alegria. Pessoas que nasceram no dia 3: JRR Tolkien (3 de janeiro); Mel Gibson (3 de janeiro); Marlon Brando (3 de abril); Eddie Murphy (3 de abril); Tom Cruise (3 de julho).

Maio

15

Sábado

● Lua Nova

Sua energia no mês de maio ⬡ +15 = ⬡ → ____ + ____ = ⬡ Sua energia no dia de HOJE

16

Domingo

● Lua Nova

Sua energia no mês de maio ⬡ +16 = ⬡ → ____ + ____ = ⬡ Sua energia no dia de HOJE

Maio

17

● Lua Nova

Segunda-Feira

Sua energia no mês de maio ⬡ +17= ⬡ → ____ + ____ = ⬡ *Sua energia no dia de HOJE*

9 ____

10 ____

11 ____

12 ____

13 ____

14 ____

15 ____

16 ____

17 ____

18 ____

Se você nasceu no dia 4 de qualquer mês é ordeiro e disciplinado. Aprecia a estabilidade e a segurança. Pessoas que nasceram no dia 4: Isaac Newton (4 de janeiro); Louis Braile (4 de janeiro); Barack Obama (4 de agosto).

18

Maio

Terça-Feira

● Lua Nova

Sua energia no mês de maio ⬡ +18 = ⬡ → ____ + ____ = ⬡ *Sua energia no dia de HOJE*

9

10

11

12

13

14

15

16

17

18

"A próxima mensagem que você necessita escutar está em seu momento presente."

Ram Dass

Maio

19

● Lua Nova

Quarta-Feira

Sua energia no mês de maio ⬡ +19 = ⬡ → ____ + ____ = ⬡ *Sua energia no dia de HOJE*

9 ____________________

10 ____________________

11 ____________________

12 ____________________

13 ____________________

14 ____________________

15 ____________________

16 ____________________

17 ____________________

18 ____________________

Se você nasceu no dia 5 de qualquer mês aprecia a vida intensa e ativa. Gosta da liberdade. Pessoas que nasceram no dia 5: Karl Marx (5 de maio); Fredd Mercury (5 de setembro); Walt Disney (5 de dezembro).

20

Maio

Quinta-Feira

☾ Lua Crescente

Sua energia no mês de maio ⬡ +20= ⬡ → ____ + ____ = ⬡ *Sua energia no dia de HOJE*

9

10

11

12

13

14

15

16

17

18

"É nos momentos de decisão que nosso caminho é moldado."
Anthony Robbins

Maio

21

☾ Lua Crescente

Sexta-Feira

Sua energia no mês de maio ⬡ +21= ⬡ → ____ + ____ = ⬡ Sua energia no dia de HOJE

9

10

11

12

13

14

15

16

17

18

Se você nasceu no dia 6 de qualquer mês é criativo e tem habilidades artísticas. É romântico e afetuoso. Pessoas que nasceram no dia 6: Bob Marley (6 de fevereiro); Michelangelo (6 de março); Gabriel Garcia Marques (6 de março); Dalai Lama (6 de julho).

Maio

22

Sábado

☾ Lua Crescente

Sua energia no mês de maio ⬡ +22= ⬡ → ____ + ____ = ⬡ *Sua energia no dia de HOJE*

23

Domingo

☾ Lua Crescente

Sua energia no mês de maio ⬡ +23= ⬡ → ____ + ____ = ⬡ *Sua energia no dia de HOJE*

Maio

24

☾ Lua Crescente

Segunda-Feira

Sua energia no mês de maio ⬡ +24= ⬡ → ____ + ____ = ⬡ *Sua energia no dia de HOJE*

9

10

11

12

13

14

15

16

17

18

Se você nasceu no dia 7 de qualquer mês é exigente e perfeccionista. Gosta da privacidade e é bastante racional. Pessoas que nasceram no dia 7: Nicholas Cage (7 de janeiro); Eva Perón (7 de maio); Prince (7 de junho); Francis Ford Coppola (7 de abril).

25

Maio

Terça-Feira

☾ Lua Crescente

Sua energia no mês de maio ⬡ +25= ⬡ → ____+____= ⬡ Sua energia no dia de HOJE

9

10

11

12

13

14

15

16

17

18

Maio 26

☾ Lua Crescente

Quarta-Feira

Sua energia no mês de maio ⬡ +26= ⬡ → ____ + ____ = ⬡ *Sua energia no dia de HOJE*

9

10

11

12

13

14

15

16

17

18

Se você nasceu no dia 8 de qualquer mês tem personalidade forte, é ambicioso, autoritário e dotado de muita energia. Pessoas que nasceram no dia 8: Elvis Presley (8 de janeiro); Julio Verne e Jack Lemmon (8 de fevereiro).

27

Maio

Quinta-Feira

O Lua Cheia

Sua energia no mês de maio ⬡ + 27 = ⬡ → ____ + ____ = ⬡ *Sua energia no dia de HOJE*

9

10

11

12

13

14

15

16

17

18

"O fracasso não existe, só existem resultados."

Anthony Robbins

Maio

28

○ Lua Cheia

Sexta-Feira

Sua energia no mês de maio ⬡ +28 = ⬡ → ____ + ____ = ⬡ *Sua energia no dia de HOJE*

9

10

11

12

13

14

15

16

17

18

Maio

29

Sábado

○ Lua Cheia

Sua energia no mês de maio ⬡ +29 = ⬡ → ____ + ____ = ⬡ *Sua energia no dia de HOJE*

30

Domingo

○ Lua Cheia

Sua energia no mês de maio ⬡ +30 = ⬡ → ____ + ____ = ⬡ *Sua energia no dia de HOJE*

Maio

31

○ Lua Cheia

Segunda-Feira

Sua energia no mês de maio ⬡ +31= ⬡ → ____ + ____ = ⬡ *Sua energia no dia de HOJE*

9

10

11

12

13

14

15

16

17

18

Hoje você faz um balanço do mês. A partir de amanhã, o Universo lhe traz a oportunidade de um novo desafio. Leve com você as boas experiências de maio.

1 Junho

Terça-Feira ○ Lua Cheia

Sua energia no mês de junho ⬡ + 1 = ⬡ → ____ + ____ = ⬡ *Sua energia no dia de HOJE*

9

10

11

12

13

14

15

16

17

18

Seu primeiro dia do mês traz mudanças em sua energia e a promessa de novas perspectivas. Muita atenção aos cálculos e às dicas desse período.

Junho

2

○ Lua Cheia

Quarta-Feira

Sua energia no mês de junho ⬡ + 2 = ⬡ → ____ + ____ = ⬡ *Sua energia no dia de HOJE*

9

10

11

12

13

14

15

16

17

18

"Nada lhe posso dar que já não exista em você mesmo. Não posso lhe abrir outro mundo de imagens, além daquele que há em sua própria alma. Nada lhe posso dar a não ser a oportunidade, o impulso, a chave. Eu o ajudarei a tornar visível o seu próprio mundo e isso é tudo."

Hermann Hesse

3

Junho

3 - Corpus Christi

Quinta-Feira

○ Lua Cheia

Sua energia no mês de junho ⬡ + 3 = ⬡ → ____ + ____ = ⬡ *Sua energia no dia de HOJE*

9

10

11

12

13

14

15

16

17

18

Se você nasceu no dia 9 de qualquer mês é compreensivo e tolerante. É idea-lista, generoso e humanitário. Pessoas que nasceram no dia 9: Tom Hanks (9 de julho); John Lennon (9 de outubro).

Junho

4

☽ Lua Minguante

Sexta-Feira

Sua energia no mês de junho ⬡ + 4 = ⬡ → ____ + ____ = ⬡ Sua energia no dia de HOJE

9 ______

10 ______

11 ______

12 ______

13 ______

14 ______

15 ______

16 ______

17 ______

18 ______

"O sucesso consiste em fazer coisas ordinárias de maneira extraordinária."
Jim Rohn

Junho

5

Sábado

☽ Lua Minguante

Sua energia no mês de junho ⬡ + 5 = ⬡ → ____ + ____ = ⬡ *Sua energia no dia de HOJE*

6

Domingo

☽ Lua Minguante

Sua energia no mês de junho ⬡ + 6 = ⬡ → ____ + ____ = ⬡ *Sua energia no dia de HOJE*

Junho

7

☽ Lua Minguante

Segunda-Feira

Sua energia no mês de junho ⬡ + 7 = ⬡ → ____ + ____ = ⬡ *Sua energia no dia de HOJE*

9

10

11

12

13

14

15

16

17

18

Se você nasceu no dia 10 de qualquer mês, é líder, empreendedor e determinado. Pessoas que nasceram no dia 10: Rod Stewart (10 de janeiro); Fred Astaire (10 de maio); Sharon Stone (10 de março).

8 Junho

Terça-Feira ☽ Lua Minguante

Sua energia no mês de junho ⬡ + 8 = ⬡ → ____ + ____ = ⬡ *Sua energia no dia de HOJE*

9

10

11

12

13

14

15

16

17

18

Junho

9

☽ Lua Minguante

Quarta-Feira

Sua energia no mês de junho ⬡ + 9 = ⬡ → ____ + ____ = ⬡ Sua energia no dia de HOJE

9
____

10
____

11
____

12
____

13
____

14
____

15
____

16
____

17
____

18
____

____

____

____

Se você nasceu no dia 11 de qualquer mês, tem um grande potencial. É realizador. Pessoas que nasceram no dia 11: Thomas Edison (11 de fevereiro); Salvador Dali (11 de maio); Georgio Armani (11 de julho).

10 Junho

Quinta-Feira

☽ Lua Minguante

Sua energia no mês de junho ⬡ +10 = ⬡ → ____ + ____ = ⬡ Sua energia no dia de HOJE

9

10

11

12

13

14

15

16

17

18

"O destino embaralha as cartas, nós as jogamos."
José Stalin

Junho

11

☽ Lua Minguante

Sexta-Feira

Sua energia no mês de junho ⬡ +11= ⬡ → ____+____= ⬡ Sua energia no dia de HOJE

9

10

11

12

13

14

15

16

17

18

Se você nasceu no dia 12 de qualquer mês, é criativo, tem entusiasmo e é sociável, embora aprecie sua individualidade. Pessoas que nasceram no dia 12: Charles Darwin (12 de fevereiro); David Letterman (12 de abril); Pablo Neruda (12 de julho); Luciano Pavarotti (12 de outubro).

Junho

12

Sábado

● Lua Nova

Sua energia no mês de junho ⬡ +12 = ⬡ → ____ + ____ = ⬡ *Sua energia no dia de HOJE*

13

Domingo

● Lua Nova

Sua energia no mês de junho ⬡ +13 = ⬡ → ____ + ____ = ⬡ *Sua energia no dia de HOJE*

Junho

14

● Lua Nova

Segunda-Feira

Sua energia no mês de junho ⬡ +14 = ⬡ → ____ + ____ = ⬡ *Sua energia no dia de HOJE*

9

10

11

12

13

14

15

16

17

18

Se você nasceu no dia 13 de qualquer mês, é criativo e tem muito amor pela família. Aprecia a ordem e é muito sensível. Pessoas que nasceram no dia 13: Gari Gasparov (13 de abril); Margareth Tachter (13 de outubro); Stevie Wonder (13 de maio); Harrison Ford (13 de julho).

15 Junho

Terça-Feira

● Lua Nova

Sua energia no mês de junho ⬡ +15 = ⬡ → ____ + ____ = ⬡ *Sua energia no dia de HOJE*

9

10

11

12

13

14

15

16

17

18

"Quando pensamos que o dia de amanhã nunca chegará, já se converteu em ontem."

Henry Ford

Junho 16

● Lua Nova

Quarta-Feira

Sua energia no mês de junho ⬡ +16 = ⬡ → ____ + ____ = ⬡ Sua energia no dia de HOJE

9

10

11

12

13

14

15

16

17

18

Se você nasceu no dia 14 de qualquer mês, gosta de arriscar, é impaciente e incansável. Tem muita determinação. Pessoas que nasceram no dia 14: Albert Einstein (14 de março); Che Guevara (14 de junho); Donald Trump (14 de junho); Steve Martin (14 de agosto) George Lucas (14 de maio).

17

Junho

Quinta-Feira

● Lua Nova

Sua energia no mês de junho ⬡ +17= ⬡ → ____ + ____ = ⬡ *Sua energia no dia de HOJE*

9

10

11

12

13

14

15

16

17

18

"Não há nenhum vento favorável para aquele que não sabe a que porto se dirige."

Arthur Schopenhauer

Junho

18

● Lua Nova

Sexta-Feira

Sua energia no mês de junho ⬡ +18 = ⬡ → ____ + ____ = ⬡ *Sua energia no dia de HOJE*

9

10

11

12

13

14

15

16

17

18

Se você nasceu no dia 15 de qualquer mês, é generoso, gosta de cooperar e ajudar os outros. Tem muitos talentos. Pessoas que nasceram no dia 15: Martin Luther King (15 de janeiro); Leonardo da Vinci (15 de abril); Friedrich Nietzsche (15 de outubro).

Junho

19

Sábado

☾ Lua Crescente

Sua energia no mês de junho ⬡ +19= ⬡ → ____ + ____ = ⬡ Sua energia no dia de HOJE

20

Domingo

☾ Lua Crescente

Sua energia no mês de junho ⬡ +20= ⬡ → ____ + ____ = ⬡ Sua energia no dia de HOJE

Junho

21

☾ Lua Crescente

Segunda-Feira

Sua energia no mês de junho ⬡ +21= ⬡ → ____+____= ⬡ *Sua energia no dia de HOJE*

9

10

11

12

13

14

15

16

17

18

Se você nasceu no dia 16 de qualquer mês, gosta de se especializar em algum assunto. É introspectivo e tem boa capacidade de concentração. Pessoas que nasceram no dia 16: Charlie Chaplin (16 de abril); Madonna (16 de agosto); David Copperfield (16 de setembro); Ludwig van Beethoven (16 de dezembro).

22 Junho

Terça-Feira

☾ Lua Crescente

Sua energia no mês de junho ⬡ +22= ⬡ → ____+____= ⬡ *Sua energia no dia de HOJE*

9

10

11

12

13

14

15

16

17

18

"A mais longa caminhada começa com um passo."

Provérbio hindu

Junho

23

☾ Lua Crescente

Quarta-Feira

Sua energia no mês de junho ⬡ +23= ⬡ → ____ + ____ = ⬡ Sua energia no dia de HOJE

9

10

11

12

13

14

15

16

17

18

Se você nasceu no dia 17 de qualquer mês, é bem intuitivo. Sociável, aprecia o meio familiar. É ambicioso. Pessoas que nasceram no dia 17: Muhammad Ali (17 de janeiro); Michael Jordan (17 de fevereiro); Soichiro Honda (17 de novembro).

24 Junho

Quinta-Feira

☾ Lua Crescente

Sua energia no mês de junho ⬡ +24= ⬡ → ____ + ____ = ⬡ *Sua energia no dia de HOJE*

9

10

11

12

13

14

15

16

17

18

"Com a Numerologia juntei as peças do quebra-cabeça e fiz a reconstituição da minha pessoa. E mais ainda... investiguei o meu passado e vislumbrei o meu futuro."

Aparecida Liberato

Junho

25

☾ Lua Crescente

Sexta-Feira

Sua energia no mês de junho ⬡ +25 = ⬡ → ____ + ____ = ⬡ *Sua energia no dia de HOJE*

9

10

11

12

13

14

15

16

17

18

Se você nasceu no dia 18 de qualquer mês, é sonhador e direciona sua liderança para beneficiar as outras pessoas. Pessoas que nasceram no dia 18: Kevin Costner (18 de janeiro); Ioko Ono (18 de fevereiro); Nelson Mandela (18 de julho).

Junho

26

Sábado

○ Lua Cheia

Sua energia no mês de junho ⬡ +26= ⬡ → ____ + ____ = ⬡ Sua energia no dia de HOJE

27

Domingo

○ Lua Cheia

Sua energia no mês de junho ⬡ +27= ⬡ → ____ + ____ = ⬡ Sua energia no dia de HOJE

Junho

28

○ Lua Cheia

Segunda-Feira

Sua energia no mês de junho ⬡ +28= ⬡ → ____ + ____ = ⬡ *Sua energia no dia de HOJE*

9

10

11

12

13

14

15

16

17

18

Se você nasceu no dia 19 de qualquer mês, aprecia a independência, deseja estar à frente e tem muita força de vontade. Pessoas que nasceram no dia 19: Bill Clinton (19 de agosto); Indira Gandhi (19 de novembro); Calvin Klein (19 de novembro).

29 Junho

Terça-Feira

O Lua Cheia

Sua energia no mês de junho ⬡ +29 = ⬡ → ____ + ____ = ⬡ Sua energia no dia de HOJE

9

10

11

12

13

14

15

16

17

18

"Todos vivemos sob o mesmo céu, mas ninguém tem o mesmo horizonte."

Konrad Adenauer

Junho 30

O Lua Cheia

Quarta-Feira

Sua energia no mês de junho ⬡ +30= ⬡ → ____+____= ⬡ Sua energia no dia de HOJE

9

10

11

12

13

14

15

16

17

18

Este mês se encerra e com ele uma energia específica deixa de influenciar sua vida. Ficam os resultados das experiências vividas, o amadurecimento interior e as sementes plantadas.

O Número da Casa e Sua Energia

O lugar onde vivemos também tem energia avaliada a partir do número do imóvel. Para saber a energia de sua casa ou apartamento, some os dígitos que estão na porta ou na parede.

Exemplo: APARTAMENTO 202

2 + 2 = 4

Exemplo: CASA 83

8 + 3 = 11 → 1 + 1 = 2

SUA CASA OU APARTAMENTO

⬡ + ⬡ + ⬡ = ⬡ → ⬡ + ⬡ = ⬡

Energia 1:

Favorece o início de vida nova. Os moradores dessa casa são pessoas ativas, criativas, independentes e originais.

Porém, a energia 1 pode influenciar o individualismo e o egoísmo, distanciando as pessoas.

Para equilibrar coloque a letra "E".

Energia 2:

Favorece o clima de amor, tranquilidade e paz. Os moradores dessa casa são pessoas sensíveis, que evitam atritos e cultivam a parceria.

Porém, essa energia pode levar ao excessivo sentimentalismo, causando instabilidades no humor e dificuldades para tomar decisões de maneira lógica.

Para equilibrar coloque a letra "D".

Energia 3:

Favorece a descontração, o alto-astral, o encontro entre amigos. Os moradores dessa casa são pessoas alegres, de bem com a vida, que gostam de se divertir.
Porém, essa energia pode trazer dificuldade para manter a organização e a concentração, e uma certa displicência com o dinheiro.

Para equilibrar coloque a letra "C".

Energia 4:

Favorece a segurança, a estabilidade e a rotina da família. As pessoas que vivem nessa casa são metódicas, organizadas e práticas. Gostam de trabalhar no próprio lar, cuidando do jardim, do carro, dos móveis.
Porém, essa energia pode trazer rotina demasiada aos seus moradores e dificuldade em progredir.

Para equilibrar coloque a letra "B".

Energia 5:

Favorece o movimento, a criatividade, a mudança constante. As pessoas que nela vivem são vibrantes, muito ativas e se envolvem com todo tipo de atividades. Saem e entram em casa o tempo todo, impacientes.
Porém, essa energia pode dificultar o empenho em realizar atividades de maneira construtiva e responsável, começando muita coisa e nem sempre terminando.

Para equilibrar coloque a letra "A".

Energia 6:

Favorece a harmonia, a amizade, o casamento. Ideal para quem mora em família, ou para quem quer fazer de sua casa um ninho de amor. Seus moradores gostam de arrumá-la, torná-la aconchegante, até mesmo para receber seus amigos.
Energia ideal para um lar.

Não é necessário equilibrar.

Energia 7:

Favorece a vida contemplativa, o estudo, o desenvolvimento espiritual. Seus moradores são pessoas que gostam da tranquilidade, do isolamento e de divagar no pensamento.

Essa energia, porém, pode trazer certa estagnação ao progresso, além de prejuízos para a saúde. Não é uma energia favorável para uma família ou para cultivar relacionamentos.

Para equilibrar coloque a letra "H".

Energia 8:

Favorece os empreendimentos e a prosperidade. Seus moradores geralmente são pessoas importantes, influentes, proprietários de negócios, ou autoridades.

Porém, seus moradores devem cuidar para não serem autoritários e exigentes demais.

Para equilibrar coloque a letra "G".

Energia 9:

Favorece o agrupamento de pessoas e a vontade de fazer o bem. Seus moradores são pessoas envolvidas com grandes causas, principalmente sociais. São pessoas compreensivas que se colocam à disposição dos outros.

Porém, essa energia pode trazer falta de privacidade, contribuir para a falta de controle emocional e dificultar a aquisição e a manutenção de bens materiais.

Para equilibrar coloque a letra "F".

Julho

1

○ Lua Cheia

Quinta-Feira

Sua energia no mês de julho ⬡ + 1 = ⬡ → ____ + ____ = ⬡ *Sua energia no dia de HOJE*

9 ______

10 ______

11 ______

12 ______

13 ______

14 ______

15 ______

16 ______

17 ______

18 ______

Preencha com esperança sua vida, pois uma nova vibração o acompanha. Com a mudança do mês, o Universo lhe traz nova energia.

2 Julho

Sexta-Feira

○ Lua Cheia

Sua energia no mês de julho ⬡ + 2 = ⬡ → ____ + ____ = ⬡ *Sua energia no dia de HOJE*

9

10

11

12

13

14

15

16

17

18

Se você nasceu no dia 20 de qualquer mês, é compreensivo, intuitivo e sabe cooperar. Pessoas que nasceram no dia 20: Joan Miro (20 de abril); Sócrates (20 de maio); Sophia Loren (20 de setembro).

Julho

3

○ Lua Cheia

Sábado

Sua energia no mês de julho ⬡ + 3 = ⬡ → ____ + ____ = ⬡ *Sua energia no dia de HOJE*

4

☽ Lua Minguante

Domingo

Sua energia no mês de julho ⬡ + 4 = ⬡ → ____ + ____ = ⬡ *Sua energia no dia de HOJE*

5

Julho

Segunda-Feira

☽ Lua Minguante

Sua energia no mês de julho ⬡ + 5 = ⬡ → ____ + ____ = ⬡ *Sua energia no dia de HOJE*

9

10

11

12

13

14

15

16

17

18

Se você nasceu no dia 21 de qualquer mês, goza de imensa energia, é extremamente sociável e tem muitos interesses. Pessoas que nasceram no dia 21: Plácido Domingo (21 de janeiro); Christian Dior (21 de janeiro); Johann Sebastian Bach (21 de março); Jean-Paul Sartre (21 de junho) Robin Williams (21 de julho).

Julho

6

☽ Lua Minguante

Terça-Feira

Sua energia no mês de julho ⬡ + 6 = ⬡ → ____ + ____ = ⬡ *Sua energia no dia de HOJE*

9

10

11

12

13

14

15

16

17

18

"Atenção às situações inesperadas. Nelas se encerram, às vezes, as grandes oportunidades."

Joseph Pulitzer

7 Julho

Quarta-Feira

☽ Lua Minguante

Sua energia no mês de julho ⬡ + 7 = ⬡ → ____ + ____ = ⬡ Sua energia no dia de HOJE

9

10

11

12

13

14

15

16

17

18

Se você nasceu no dia 22 de qualquer mês, tem as habilidades de liderança e carisma. Pessoas que nasceram no dia 22: Meryl Streep (22 de junho); Naomi Campbell (22 de maio).

Julho

8

☽ Lua Minguante

Quinta-Feira

Sua energia no mês de julho ⬡ + 8 = ⬡ → ____ + ____ = ⬡ *Sua energia no dia de HOJE*

9

10

11

12

13

14

15

16

17

18

"Com frequência encontramos nosso destino pelos caminhos que tomamos para evitá-lo."

Jean de la Fontaine

9 Julho

Sexta-Feira

☽ Lua Minguante

Sua energia no mês de julho ⬡ + 9 = ⬡ → ____ + ____ = ⬡ *Sua energia no dia de HOJE*

9

10

11

12

13

14

15

16

17

18

Se você nasceu no dia 23 de qualquer mês, é extremamente criativo, sensível e intuitivo. Aprende com rapidez. Pessoas que nasceram no dia 23: William Shakespeare (23 de abril); Julio Eglesias (23 de setembro); Pelé (23 de outubro).

Julho

☽ Lua Minguante

Sábado

10

Sua energia no mês de julho ⬡ +10 = ⬡ → ____ + ____ = ⬡ Sua energia no dia de HOJE

● Lua Nova

Domingo

11

Sua energia no mês de julho ⬡ +11 = ⬡ → ____ + ____ = ⬡ Sua energia no dia de HOJE

12 Julho

Segunda-Feira

● Lua Nova

Sua energia no mês de julho ⬡ +12= ⬡ → ____ + ____ = ⬡ Sua energia no dia de HOJE

9

10

11

12

13

14

15

16

17

18

Se você nasceu no dia 24 de qualquer mês, é determinado, gosta do trabalho e do ambiente caloroso do lar. Pessoas que nasceram no dia 24: Steven Jobs (24 de fevereiro), Barbra Streisand (24 de abril).

Julho

13

● Lua Nova

Terça-Feira

Sua energia no mês de julho ⬡ +13 = ⬡ → ____ + ____ = ⬡ *Sua energia no dia de HOJE*

9

10

11

12

13

14

15

16

17

18

"A vida é o que te acontece enquanto você está ocupado fazendo outros planos".

Beautiful boy — John Lennon

14 Julho

Quarta-Feira

● Lua Nova

Sua energia no mês de julho ⬡ +14 = ⬡ → ____ + ____ = ⬡ *Sua energia no dia de HOJE*

9

10

11

12

13

14

15

16

17

18

Se você nasceu no dia 25 de qualquer mês, tem grande capacidade de análise e sabe comunicar-se muito bem. Pessoas que nasceram no dia 25: Virginia Woolf (25 de janeiro); Elton John (25 de março); Antonio Gaudí (25 de junho); Pablo Picasso (25 de outubro).

Julho

15

● Lua Nova

Quinta-Feira

Sua energia no mês de julho ⬡ +15= ⬡ → ____ + ____ = ⬡ Sua energia no dia de HOJE

9 ______

10 ______

11 ______

12 ______

13 ______

14 ______

15 ______

16 ______

17 ______

18 ______

“Se você não sabe onde vai, qualquer caminho serve.”
Lewis Caroll

16 Julho

Sexta-Feira

● Lua Nova

Sua energia no mês de julho ⬡ +16= ⬡ → ____ + ____ = ⬡ *Sua energia no dia de HOJE*

9

10

11

12

13

14

15

16

17

18

Se você nasceu no dia 26 de qualquer mês, é prático e responsável. Sabe lidar com os negócios, aprecia o lar e gosta de controlar. Pessoas que nasceram no dia 26: Paul Newman (26 de janeiro); Mick Jagger (26 de julho); Carl Jung (26 de julho); Hillary Clinton (26 de outubro).

Julho

Lua Nova

Sábado

17

Sua energia no mês de julho ⬡ +17= ⬡ → ____ + ____ = ⬡ Sua energia no dia de HOJE

Lua Crescente

Domingo

18

Sua energia no mês de julho ⬡ +18= ⬡ → ____ + ____ = ⬡ Sua energia no dia de HOJE

19 Julho

Segunda-Feira ☾ Lua Crescente

Sua energia no mês de julho ⬡ +19 = ⬡ → ____ + ____ = ⬡ Sua energia no dia de HOJE

9

10

11

12

13

14

15

16

17

18

Se você nasceu no dia 27 de qualquer mês, é extremamente emocional e idealista, querendo fazer do mundo um lugar melhor para se viver. Pessoas que nasceram no dia 27: Isadora Duncan (27 de maio); Henry Kissinger (27 de maio); Madre Teresa de Calcutá (27 de agosto).

Julho

20

☾ Lua Crescente

Terça-Feira

Sua energia no mês de julho ⬡ +20= ⬡ → ____+____= ⬡ Sua energia no dia de HOJE

9

10

11

12

13

14

15

16

17

18

Depois de uma conquista há outro desafio.

21 Julho

Quarta-Feira

☾ Lua Crescente

Sua energia no mês de julho ⬡ +21= ⬡ → ____ + ____ = ⬡ Sua energia no dia de HOJE

9

10

11

12

13

14

15

16

17

18

Se você nasceu no dia 28 de qualquer mês, tem coragem, é determinado e independente. Gosta de estabelecer as regras. Pessoas que nasceram no dia 28: Goethe (28 de agosto); Brigitte Bardot (28 de setembro); Bill Gates (28 de outubro).

Julho

22

☾ Lua Crescente

Quinta-Feira

Sua energia no mês de julho ⬡ +22= ⬡ → ____+____= ⬡ *Sua energia no dia de HOJE*

9 ______

10 ______

11 ______

12 ______

13 ______

14 ______

15 ______

16 ______

17 ______

18 ______

Domina teus pensamentos e dominarás teu destino.

23 Julho

Sexta-Feira ☾ Lua Crescente

Sua energia no mês de julho ⬡ +23 = ⬡ → ____ + ____ = ⬡ *Sua energia no dia de HOJE*

9

10

11

12

13

14

15

16

17

18

Se você nasceu no dia 29 de qualquer mês, tem grande potencial, forte personalidade e é um pouco sonhador. Pessoas que nasceram no dia 29: Oprah Winfrey (29 de janeiro); Michael Jackson (29 de agosto).

Julho

☾ Lua Crescente

Sábado

24

Sua energia no mês de julho ⬡ +24= ⬡ → ____ + ____ = ⬡ Sua energia no dia de HOJE

☾ Lua Crescente

Domingo

25

Sua energia no mês de julho ⬡ +25= ⬡ → ____ + ____ = ⬡ Sua energia no dia de HOJE

26 Julho

Segunda-Feira

☾ Lua Crescente

Sua energia no mês de julho ⬡ +26= ⬡ → ____ + ____ = ⬡ *Sua energia no dia de HOJE*

9

10

11

12

13

14

15

16

17

18

Se você nasceu no dia 30 de qualquer mês, é carismático e atrai as pessoas. Aprecia as artes e é hábil na comunicação. Pessoas que nasceram no dia 30: Vincent van Gogh (30 de março).

Julho

27

○ Lua Cheia

Terça-Feira

Sua energia no mês de julho ⬡ +27= ⬡ → ____ + ____ = ⬡ *Sua energia no dia de HOJE*

9 ______

10 ______

11 ______

12 ______

13 ______

14 ______

15 ______

16 ______

17 ______

18 ______

"Tudo o que somos é resultado do pensamento."

Buda

28

Julho

Quarta-Feira

○ Lua Cheia

Sua energia no mês de julho ⬡ +28= ⬡ → ____ + ____ = ⬡ *Sua energia no dia de HOJE*

9

10

11

12

13

14

15

16

17

18

Se você nasceu no dia 31 de qualquer mês, tem grande força de vontade e é determinado. Tem ideias originais e talento para as artes. Pessoas que nasceram no dia 31: Richard Gere (31 de agosto); Phil Collins (31 de janeiro).

Julho

29

○ Lua Cheia

Quinta-Feira

Sua energia no mês de julho ⬡ +29= ⬡ → ____ + ____ = ⬡ *Sua energia no dia de HOJE*

9

10

11

12

13

14

15

16

17

18

"Praticar o silêncio significa assumir o compromisso de reservar uma certa quantidade de tempo para simplesmente ser, sem ouvir, sem falar. No silêncio, a intenção mais remota espalha ondas sobre o leito da consciência universal, que interliga todas as coisas."

Deepak Chopra

30 Julho

Sexta-Feira

○ Lua Cheia

Sua energia no mês de julho ⬡ +30= ⬡ → ____ + ____ = ⬡ *Sua energia no dia de HOJE*

9

10

11

12

13

14

15

16

17

18

"Deus é uno. Ele não está jamais fora do mundo, mas sim totalmente no mundo inteiro. Deus está no Universo e o Universo está em Deus. O mundo e Deus são uma unidade."

Pitágoras

Julho

31

○ Lua Cheia

Sábado

Sua energia no mês de julho ⬡ +31= ⬡ → ____ + ____ = ⬡ *Sua energia no dia de HOJE*

Como este é o último dia do mês, você pode fazer uma reflexão sobre quanto sua energia pessoal foi aproveitada, influenciando suas atitudes e suas expectativas.

Agosto

1

○ Lua Cheia

Domingo

Sua energia no mês de agosto ⬡ + 1 = ⬡ → ____ + ____ = ⬡ *Sua energia no dia de HOJE*

Novo mês, nova vibração. Procure concentrar-se nos objetivos que você tem para este período, de acordo com sua energia mensal específica.

2 Agosto

Segunda-Feira

○ Lua Cheia

Sua energia no mês de agosto ⬡ + 2 = ⬡ → ____ + ____ = ⬡ *Sua energia no dia de HOJE*

9

10

11

12

13

14

15

16

17

18

Ninguém sabe do que é capaz até que tenha tentado.

Agosto

3

☽ Lua Minguante

Terça-Feira

Sua energia no mês de agosto ⬡ + 3 = ⬡ → ____ + ____ = ⬡ *Sua energia no dia de HOJE*

9 ______

10 ______

11 ______

12 ______

13 ______

14 ______

15 ______

16 ______

17 ______

18 ______

Na geometria, o número 1 tem como expressão o ponto, aquele que inicia, que nasce, que é a unidade, a Mônada. Ele é a fonte, a semente, onde tudo começa.

4 Agosto

Quarta-Feira

☽ Lua Minguante

Sua energia no mês de agosto ⬡ + 4 = ⬡ → ____ + ____ = ⬡ *Sua energia no dia de HOJE*

9

10

11

12

13

14

15

16

17

18

O maior risco na vida é não arriscar.

Agosto

5

☽ Lua Minguante

Quinta-Feira

Sua energia no mês de agosto ⬡ + 5 = ⬡ → ____ + ____ = ⬡ *Sua energia no dia de HOJE*

9

10

11

12

13

14

15

16

17

18

Na geometria, o número 2 tem como expressão a reta que une dois pontos. É a Díade, a dualidade, a polaridade. Pode afastar e ao mesmo tempo aproximar.

6 Agosto

Sexta-Feira

☽ Lua Minguante

Sua energia no mês de agosto ⬡ + 6 = ⬡ → ____ + ____ = ⬡ *Sua energia no dia de HOJE*

9

10

11

12

13

14

15

16

17

18

A inspiração existe, mas tem de encontrar você trabalhando.

Agosto

☽ Lua Minguante

Sábado

7

Sua energia no mês de agosto ⬡ + 7 = ⬡ → ____ + ____ = ⬡ Sua energia no dia de HOJE

☽ Lua Minguante

Domingo

8

Sua energia no mês de agosto ⬡ + 8 = ⬡ → ____ + ____ = ⬡ Sua energia no dia de HOJE

9 Agosto

Segunda-Feira

☽ Lua Minguante

Sua energia no mês de agosto ⬡ + 9 = ⬡ → ____ + ____ = ⬡ Sua energia no dia de HOJE

9 ______________________________

10 ______________________________

11 ______________________________

12 ______________________________

13 ______________________________

14 ______________________________

15 ______________________________

16 ______________________________

17 ______________________________

18 ______________________________

Na geometria, o número 3 tem como expressão o triângulo. É a primeira forma, e é por isso considerado o número da manifestação. A tríade tem uma beleza especial. A trindade relaciona-se com a mente, o corpo e o espírito. Indica eficiência e equilíbrio.

Agosto

10

● Lua Nova

Terça-Feira

Sua energia no mês de agosto ⬡ +10 = ⬡ → ____ + ____ = ⬡ *Sua energia no dia de HOJE*

9

10

11

12

13

14

15

16

17

18

"Prefiro os erros do entusiasmo à indiferença da sabedoria."

Anatole France

11

Agosto

Quarta-Feira

● Lua Nova

Sua energia no mês de agosto ⬡ +11= ⬡ → ____ + ____ = ⬡ *Sua energia no dia de HOJE*

9

10

11

12

13

14

15

16

17

18

Na geometria, o número 4 tem como expressão o quadrado. É a base, a estrutura firme e estável.

Agosto

12

● Lua Nova

Quinta-Feira

Sua energia no mês de agosto ⬡ +12 = ⬡ → ____ + ____ = ⬡ Sua energia no dia de HOJE

9 ______

10 ______

11 ______

12 ______

13 ______

14 ______

15 ______

16 ______

17 ______

18 ______

______

______

______

Não peça uma carga leve, peça costas fortes.

13 Agosto

Sexta-Feira

● Lua Nova

Sua energia no mês de agosto ⬡ +13 = ⬡ → ____ + ____ = ⬡ *Sua energia no dia de HOJE*

9

10

11

12

13

14

15

16

17

18

Na geometria, o número 5 tem como expressão o pentagrama, ou a estrela de cinco pontas, reverenciado por muitas sociedades antigas como um símbolo de poderes ocultos. Significa a regeneração, a frutificação. É o símbolo da perfeição.

Agosto

● Lua Nova

Sábado

14

Sua energia no mês de agosto ⬡ +14 = ⬡ → ____ + ____ = ⬡ Sua energia no dia de HOJE

● Lua Nova

Domingo

15

Sua energia no mês de agosto ⬡ +15 = ⬡ → ____ + ____ = ⬡ Sua energia no dia de HOJE

16 Agosto

Segunda-Feira

☾ Lua Crescente

Sua energia no mês de agosto ⬡ +16= ⬡ → ____ + ____ = ⬡ Sua energia no dia de HOJE

9

10

11

12

13

14

15

16

17

18

Na geometria, o número 6 é representado por dois triângulos, um acima do outro. É o símbolo do equilíbrio, da harmonia.

Agosto

17

☾ Lua Crescente

Terça-Feira

Sua energia no mês de agosto ⬡ +17= ⬡ → ____ + ____ = ⬡ *Sua energia no dia de HOJE*

9

10

11

12

13

14

15

16

17

18

"Nada lhe posso dar o que já não exista em você mesmo. Não posso abrir-lhe outro mundo de imagens além daquele que há em sua própria alma. Nada lhe posso dar a não ser a oportunidade, o impulso, a chave. Eu o ajudarei a tornar visível o seu próprio mundo e isso é tudo."

Hermann Hesse

18 Agosto

Quarta-Feira

☾ Lua Crescente

Sua energia no mês de agosto ⬡ +18 = ⬡ → ____ + ____ = ⬡ Sua energia no dia de HOJE

9

10

11

12

13

14

15

16

17

18

Na geometria, o número 7 é representado por um triângulo acima do quadrado. É a união entre o céu e a terra, entre o espírito e a matéria.

Agosto 19

☾ Lua Crescente

Quinta-Feira

Sua energia no mês de agosto ⬡ +19 = ⬡ → ____ + ____ = ⬡ Sua energia no dia de HOJE

9

10

11

12

13

14

15

16

17

18

"A arte de vencer se aprende nas derrotas."
Simón Bolívar

20 Agosto

Sexta-Feira ☾ Lua Crescente

Sua energia no mês de agosto ⬡ +20= ⬡ → ____ + ____ = ⬡ *Sua energia no dia de HOJE*

9

10

11

12

13

14

15

16

17

18

Na geometria, o número 8 é representado por dois quadrados, um acima do outro. Indica a força, o progresso, a justiça e a estabilidade.

Agosto

☾ Lua Crescente

Sábado

21

Sua energia no mês de agosto ⬡ +21= ⬡ → ____ + ____ = ⬡ Sua energia no dia de HOJE

☾ Lua Crescente

Domingo

22

Sua energia no mês de agosto ⬡ +22= ⬡ → ____ + ____ = ⬡ Sua energia no dia de HOJE

23 Agosto

Segunda-Feira

☾ Lua Crescente

Sua energia no mês de agosto ⬡ +23= ⬡ → ____ + ____ = ⬡ *Sua energia no dia de HOJE*

9

10

11

12

13

14

15

16

17

18

Na geometria, o número 9 é representado por três triângulos, um acima do outro. Refere-se à revelação, à regeneração.

Agosto

24

○ Lua Cheia

Terça-Feira

Sua energia no mês de agosto ⬡ +24= ⬡ → ____ + ____ = ⬡ *Sua energia no dia de HOJE*

9

10

11

12

13

14

15

16

17

18

"Não há árvore que o vento não tenha sacudido."

Provérbio hindu

25 Agosto

Quarta-Feira

○ Lua Cheia

Sua energia no mês de agosto ⬡ +25= ⬡ → ____ + ____ = ⬡ Sua energia no dia de HOJE

9 ______________________________

10 ______________________________

11 ______________________________

12 ______________________________

13 ______________________________

14 ______________________________

15 ______________________________

16 ______________________________

17 ______________________________

18 ______________________________

A proporção áurea ou o número de ouro ou o número áureo, ou ainda, a proporção dourada é uma constante real algébrica irracional representada pela letra grega (phi) e com o valor arredondado de 1,618.

Agosto 26

○ Lua Cheia

Quinta-Feira

Sua energia no mês de agosto ⬡ +26= ⬡ → ____ + ____ = ⬡ Sua energia no dia de HOJE

9

10

11

12

13

14

15

16

17

18

Quando uma porta se fecha, outra se abre.

27

Agosto

Sexta-Feira

○ Lua Cheia

Sua energia no mês de agosto ⬡ +27= ⬡ → ___ + ___ = ⬡ *Sua energia no dia de HOJE*

9 ______

10 ______

11 ______

12 ______

13 ______

14 ______

15 ______

16 ______

17 ______

18 ______

A proporção áurea é uma constante que pode ser encontrada na natureza, em conchas, nas flores, nas escamas dos peixes, nos seres humanos, até na relação dos machos e das fêmeas de qualquer colmeia do mundo. A natureza segue padrões matemáticos.

Agosto

Lua Cheia

Sábado

28

Sua energia no mês de agosto ⬡ +28= ⬡ → ____+____= ⬡ *Sua energia no dia de HOJE*

Lua Cheia

Domingo

29

Sua energia no mês de agosto ⬡ +29= ⬡ → ____+____= ⬡ *Sua energia no dia de HOJE*

30 Agosto

Segunda-Feira

○ Lua Cheia

Sua energia no mês de agosto ⬡ +30= ⬡ → ____ + ____ = ⬡ *Sua energia no dia de HOJE*

9

10

11

12

13

14

15

16

17

18

Na natureza não há prêmios nem castigos, somente consequências.

Agosto

31

○ Lua Cheia

Terça-Feira

Sua energia no mês de agosto ⬡ +31= ⬡ → ____ + ____ = ⬡ *Sua energia no dia de HOJE*

9 ____

10 _______________________________________

11 _______________________________________

12 _______________________________________

13 _______________________________________

14 _______________________________________

15 _______________________________________

16 _______________________________________

17 _______________________________________

18 _______________________________________

Por meio da análise dos números podemos traçar um roteiro para nos guiar na vida. Seu significado é um instrumento útil na busca do autoconhecimento e nos fornece informações valiosas sobre o futuro, a carreira, o amor, a saúde.

1 Setembro

Quarta-Feira

☽ Lua Minguante

Sua energia no mês de setembro ⬡ + 1 = ⬡ → ____ + ____ = ⬡ *Sua energia no dia de HOJE*

9

10

11

12

13

14

15

16

17

18

Fique bem consciente da energia que o Universo põe à sua disposição neste mês. Afirmações fortes e positivas podem favorecer e firmar aquilo que você está imaginando.

Setembro 2

☽ Lua Minguante

Quinta-Feira

Sua energia no mês de setembro ⬡ + 2 = ⬡ → ____ + ____ = ⬡ *Sua energia no dia de HOJE*

9

10

11

12

13

14

15

16

17

18

Nada morre mais rapidamente que uma ideia em uma mente cerrada.

3 Setembro

Sexta-Feira

☽ Lua Minguante

Sua energia no mês de setembro ⬡ + 3 = ⬡ → ____ + ____ = ⬡ Sua energia no dia de HOJE

9

10

11

12

13

14

15

16

17

18

Na arte renascentista, a perfeição, a harmonia e a beleza foram bem exploradas com base nessa constante da natureza. A arquitetura, a música, a poesia, a prosa foram organizadas e balanceadas de acordo com a proporção divina.

Setembro

☽ Lua Minguante

Sábado

4

Sua energia no mês de setembro ⬡ + 4 = ⬡ → ____ + ____ = ⬡ Sua energia no dia de HOJE

☽ Lua Minguante

Domingo

5

Sua energia no mês de setembro ⬡ + 5 = ⬡ → ____ + ____ = ⬡ Sua energia no dia de HOJE

6 Setembro

Segunda-Feira

☽ Lua Minguante

Sua energia no mês de setembro ⬡ + 6 = ⬡ → ____ + ____ = ⬡ *Sua energia no dia de HOJE*

9

10

11

12

13

14

15

16

17

18

As medidas básicas utilizadas no Parthenon, em Atenas, nas catedrais góticas da Europa, nas pirâmides do Egito, são calculadas a partir da constante áurea. Vários pintores, como Leonardo da Vinci, e escultores, como Michelangelo, utilizaram a proporção áurea para retratar a realidade com mais perfeição.

Setembro

7

☽ Lua Minguante

Terça-Feira

7 - Independência do Brasil

Sua energia no mês de setembro ⬡ + 7 = ⬡ → ____ + ____ = ⬡ *Sua energia no dia de HOJE*

9 ______________________________

10 ______________________________

11 ______________________________

12 ______________________________

13 ______________________________

14 ______________________________

15 ______________________________

16 ______________________________

17 ______________________________

18 ______________________________

____

____

____

Quanto mais você olha para trás, mas difícil será olhar para a frente.

8 Setembro

Quarta-Feira

● Lua Nova

Sua energia no mês de setembro ⬡ + 8 = ⬡ → ____ + ____ = ⬡ *Sua energia no dia de HOJE*

9

10

11

12

13

14

15

16

17

18

Pitágoras, o filósofo grego do século 6 a.C. acreditava que os números eram a fonte da forma e da energia no mundo. Os números 1 a 9 representavam os nove estágios do ciclo da vida humana.

Setembro 9

● Lua Nova

Quinta-Feira

Sua energia no mês de setembro ⬡ + 9 = ⬡ → ____ + ____ = ⬡ *Sua energia no dia de HOJE*

9 ______

10 ______

11 ______

12 ______

13 ______

14 ______

15 ______

16 ______

17 ______

18 ______

______

______

______

Estas são as fases da evolução da vida de uma pessoa segundo os números: 1: começar; 2: associar; 3: criar; 4: construir; 5: mudar; 6: cuidar; 7: reavaliar; 8: expandir; 9: concluir.

10 Setembro

Sexta-Feira

● Lua Nova

Sua energia no mês de setembro ⬡ +10 = ⬡ → ____ + ____ = ⬡ *Sua energia no dia de HOJE*

9 ________________________________

10 ________________________________

11 ________________________________

12 ________________________________

13 ________________________________

14 ________________________________

15 ________________________________

16 ________________________________

17 ________________________________

18 ________________________________

Os números possuem significados específicos. Siga nas próximas páginas as características mais importantes relacionadas a cada um dos números.

Setembro

11

● Lua Nova

Sábado

Sua energia no mês de setembro ⬡ +11= ⬡ → ____+____= ⬡ *Sua energia no dia de HOJE*

12

● Lua Nova

Domingo

Sua energia no mês de setembro ⬡ +12= ⬡ → ____+____= ⬡ *Sua energia no dia de HOJE*

13 Setembro

Segunda-Feira

● Lua Nova

Sua energia no mês de setembro ⬡ +13 = ⬡ → ____ + ____ = ⬡ *Sua energia no dia de HOJE*

9

10

11

12

13

14

15

16

17

18

Número 1: início, individualidade, independência, liderança, determinação, força de vontade, iniciativa, coragem, inovação.

Setembro 14

● Lua Nova

Terça-Feira

Sua energia no mês de setembro ⬡ +14 = ⬡ → ____ + ____ = ⬡ *Sua energia no dia de HOJE*

9 ____________________

10 ____________________

11 ____________________

12 ____________________

13 ____________________

14 ____________________

15 ____________________

16 ____________________

17 ____________________

18 ____________________

A Numerologia ajuda a compreender sua vida e cada momento dela.

15 Setembro

Quarta-Feira

☾ Lua Crescente

Sua energia no mês de setembro ⬡ +15 = ⬡ → ____ + ____ = ⬡ *Sua energia no dia de HOJE*

9

10

11

12

13

14

15

16

17

18

Número 2: sensibilidade, diplomacia, conciliação, cooperação, compromisso, receptividade, harmonia, equilíbrio.

Setembro 16

☾ Lua Crescente

Quinta-Feira

Sua energia no mês de setembro ⬡ +16 = ⬡ → ____ + ____ = ⬡ *Sua energia no dia de HOJE*

9

10

11

12

13

14

15

16

17

18

"Uma longa viagem de mil milhas inicia-se com o movimento de um pé."
Lao Tzu, filósofo chinês

17 Setembro

Sexta-Feira

☾ Lua Crescente

Sua energia no mês de setembro ⬡ +17= ⬡ → ____ + ____ = ⬡ Sua energia no dia de HOJE

9

10

11

12

13

14

15

16

17

18

Número 3: criatividade, entusiasmo, otimismo, comunicação, imaginação, expressividade, jovialidade, sociabilidade.

Setembro

18

☾ Lua Crescente

Sábado

Sua energia no mês de setembro ⬡ +18 = ⬡ → ____ + ____ = ⬡ Sua energia no dia de HOJE

19

☾ Lua Crescente

Domingo

Sua energia no mês de setembro ⬡ +19 = ⬡ → ____ + ____ = ⬡ Sua energia no dia de HOJE

20 Setembro

Segunda-Feira

☾ Lua Crescente

Sua energia no mês de setembro ⬡ +20 = ⬡ → ____ + ____ = ⬡ *Sua energia no dia de HOJE*

9 ______

10 ______

11 ______

12 ______

13 ______

14 ______

15 ______

16 ______

17 ______

18 ______

______

______

______

Número 4: organização, planejamento, construção, estabilidade, segurança, tradicionalismo, praticidade, sistematização, perseverança, cautela.

Setembro 21

☾ Lua Crescente

Terça-Feira

Sua energia no mês de setembro ⬡ +21= ⬡ → ____ + ____ = ⬡ *Sua energia no dia de HOJE*

9

10

11

12

13

14

15

16

17

18

"Aprender é um processo constante, não um processo aditivo, acumulativo."
Krishnamurti

22 Setembro

Quarta-Feira

☾ Lua Crescente

Sua energia no mês de setembro ⬡ +22 = ⬡ → ____ + ____ = ⬡ Sua energia no dia de HOJE

9

10

11

12

13

14

15

16

17

18

Número 5: liberdade, criatividade, rebeldia, progresso, mudança, variedade, pensamento rápido e anticonvencional, impulsividade, versatilidade.

Setembro 23

O Lua Cheia

Quinta-Feira

Sua energia no mês de setembro ⬡ +23 = ⬡ → ____ + ____ = ⬡ Sua energia no dia de HOJE

9

10

11

12

13

14

15

16

17

18

O melhor momento do dia é agora.

24 Setembro

Sexta-Feira

○ Lua Cheia

Sua energia no mês de setembro ⬡ +24= ⬡ → ____+____= ⬡ Sua energia no dia de HOJE

9

10

11

12

13

14

15

16

17

18

Número 6: amor, responsabilidade, cuidado, família, afetividade, compromisso, colaboração, justiça, dedicação, equipe, senso artístico.

Setembro

○ Lua Cheia

Sábado

25

Sua energia no mês de setembro ⬡ +25 = ⬡ → ____ + ____ = ⬡ *Sua energia no dia de HOJE*

○ Lua Cheia

Domingo

26

Sua energia no mês de setembro ⬡ +26 = ⬡ → ____ + ____ = ⬡ *Sua energia no dia de HOJE*

27 Setembro

Segunda-Feira

○ Lua Cheia

Sua energia no mês de setembro ⬡ +27= ⬡ → ____ + ____ = ⬡ *Sua energia no dia de HOJE*

9

10

11

12

13

14

15

16

17

18

Número 7: misticismo, perfeccionismo, análise, pesquisa, estudo, conhecimento, intuição, especialização, profundidade, isolamento, ceticismo.

Setembro 28

O Lua Cheia

Terça-Feira

Sua energia no mês de setembro ⬡ +28= ⬡ → ____ + ____ = ⬡ Sua energia no dia de HOJE

9

10

11

12

13

14

15

16

17

18

"A cada noite, antes de dormir, naquele momento que precede o sono, empregue esta fórmula: 'Eu estou calmo, eu sou justo, eu sou forte, eu tenho alegria de viver e eu vou cada dia de melhor em melhor'."

Pierre Vachet, médico

29 Setembro

Quarta-Feira

O Lua Cheia

Sua energia no mês de setembro ⬡ +29 = ⬡ → ____ + ____ = ⬡ Sua energia no dia de HOJE

9

10

11

12

13

14

15

16

17

18

Número 8: autoridade, conquista, empreendedorismo, ambição, materialismo, negócios, finanças, eficiência, julgamento, administração.

Setembro 30

○ Lua Cheia

Quinta-Feira

Sua energia no mês de setembro ⬡ +30= ⬡ → ____ + ____ = ⬡ *Sua energia no dia de HOJE*

9

10

11

12

13

14

15

16

17

18

O fim do mês está próximo e você já sente novidades no ar. Nova energia se aproxima e com ela expectativas, esperanças e vitalidade.

Para cada Número um Aroma

Você pode conhecer o aroma que mais combina com o seu jeito de ser. Poderá saber se o perfume mais adequado para você é o que traz tranquilidade ou o que estimula a iniciativa, o que ativa a sensualidade ou o que desperta a razão. A partir do seu número, você descobre de que maneira o aroma indicado influi em suas emoções.

Some a sua data de nascimento completa (dia + mês + ano) e saiba qual é a essência indicada para você.

Ex.: 4 de maio de 1975 = 4 + 5 + 22 (1975) = 31, ou seja, 3 + 1 = 4

Atenção! se o total da soma da data de nascimento for 11, não reduza para 2.

dia + mês + ano

Número 1 — Alfazema

Alfazema ou Lavanda: ajuda a equilibrar os estados emocionais. Calmante e relaxante, é efetiva para combater a insônia. Ajuda a conseguir mais harmonia, controlar a ansiedade e a impaciência. A lavanda harmoniza e equilibra as emoções, ajuda nas práticas espirituais, traz paz, calma e serenidade.

Número 2 — Jasmim

O uso do jasmim dá força para superar os medos. O jasmim é um estimulante que aumenta a vitalidade e, consequentemente, a autoconfiança. Ajuda a combater o medo e a inibição, levantando o ânimo.

Número 3 — Limão

O uso da essência de limão traz clareza às suas ideias e pensamentos. É um estimulante da atenção e contribui para que você consiga obter a concentração necessária em suas atividades e em seu relacionamento, evitando a dispersividade e a falta de objetivos. Proporciona vitalidade ao corpo e à mente. Traz alegria, bom humor e otimismo. Afasta a ansiedade, a depressão e a confusão.

Número 4 — Patchouli

O uso da essência de patchouli traz confiança, força e vitalidade para que você se libere da intensa rigidez e intransigência, e se abra para viver de maneira tranquila todas as emoções. Aumenta a vitalidade, desperta o interesse pela vida, devolvendo a força e vigor físicos, assim como a confiança.

Número 5 — Rosa

O uso da essência de rosa ajuda a controlar a inquietação. A ansiedade dá lugar à tranquilidade e maior capacidade de compreensão. Combate a tensão nervosa, a agitação, a irritabilidade, a tristeza e a depressão.

Número 6 — Baunilha

O uso da essência de baunilha traz emoções agradáveis e diminui sentimentos de mágoa. Seu perfume traz tranquilidade e aumenta a produção de serotonina no organismo. Desperta a bondade e sugere lembranças agradáveis de segurança. Afasta a ansiedade, o cansaço nervoso, a depressão.

Número 7 — Bergamota

O uso da essência de bergamota contribui para o entusiasmo, aumentando a autoconfiança. A bergamota regula o sistema nervoso, alivia as tensões, a ansiedade, a depressão. Dessa maneira, eleva o espírito, refresca e relaxa, estimulando a espontaneidade e o otimismo, trazendo sentimentos de alegria e felicidade.

Número 8 — Petit-Grain

O uso da essência de petit-grain contribui para a serenidade, o relaxamento e a clareza da mente, tão necessários para você acalmar atitudes autoritárias e possessivas. Tem propriedades calmantes, estimula o cérebro e alivia a fadiga mental, auxiliando a memória. Afasta a confusão e a perda de confiança, a irritabilidade e a ansiedade nervosa.

Número 9 — Hortelã-Pimenta

O uso da essência de hortelã-pimenta desperta uma sensação de frescor, estimulando a mente e favorecendo a concentração, a imaginação e a criatividade. Revigorante, tem a propriedade de conectar a pessoa com o exterior, despertando o entusiasmo.

Número 11 — Pau-Rosa

O uso da essência de pau-rosa regula as alterações nervosas a partir de sua propriedade estimulante, permitindo, assim, o padrão ideal para que a criatividade se desenvolva. Diminui o estado de confusão mental e libera a energia criativa. Alivia a tensão, acalma as dores de cabeça e libera as energias negativas do corpo e da mente.

Outubro 1

☽ Lua Minguante

Sexta-Feira

Sua energia no mês de outubro ⬡ + 1 = ⬡ → ____ + ____ = ⬡ *Sua energia no dia de HOJE*

9 ______

10 ______

11 ______

12 ______

13 ______

14 ______

15 ______

16 ______

17 ______

18 ______

Ao saber o número que rege o seu mês de outubro, faça afirmações positivas para que seus objetivos sejam atingidos.

Outubro

2

Sábado

☽ Lua Minguante

Sua energia no mês de outubro ⬡ + 2 = ⬡ → ____ + ____ = ⬡ Sua energia no dia de HOJE

3

Domingo

☽ Lua Minguante

Sua energia no mês de outubro ⬡ + 3 = ⬡ → ____ + ____ = ⬡ Sua energia no dia de HOJE

Outubro 4

☽ Lua Minguante

Segunda-Feira

Sua energia no mês de outubro ⬡ + 4 = ⬡ → ____ + ____ = ⬡ *Sua energia no dia de HOJE*

9

10

11

12

13

14

15

16

17

18

Número 9: tolerância, amor universal, compreensão, ampla visão, compaixão, perdão, desapego, sabedoria, carisma, idealismo.

5 Outubro

Terça-Feira ☽ Lua Minguante

Sua energia no mês de outubro ⬡ + 5 = ⬡ → ____ + ____ = ⬡ *Sua energia no dia de HOJE*

9

10

11

12

13

14

15

16

17

18

"... não é a sangria que chama o poder. É o consentimento."

Mary Renault

Outubro

6

☽ Lua Minguante

Quarta-Feira

Sua energia no mês de outubro ⬡ + 6 = ⬡ → ____ + ____ = ⬡ *Sua energia no dia de HOJE*

9

10

11

12

13

14

15

16

17

18

Número 11: consciência espiritual, inspiração, idealismo, percepção extrassensorial, liderança, ampla visão, progresso, criatividade.

7 Outubro

Quinta-Feira

● Lua Nova

Sua energia no mês de outubro ⬡ + 7 = ⬡ → ____ + ____ = ⬡ *Sua energia no dia de HOJE*

9

10

11

12

13

14

15

16

17

18

"Se o homem persistisse em sua loucura, tornar-se-ia sábio."

William Blake

Outubro 8

● Lua Nova

Sexta-Feira

Sua energia no mês de outubro ⬡ + 8 = ⬡ → ____ + ____ = ⬡ *Sua energia no dia de HOJE*

9

10

11

12

13

14

15

16

17

18

Cada um dos números relaciona-se com um dos quatro elementos naturais: **Ar, Água, Fogo e Terra.**

Outubro

9

Sábado

● Lua Nova

Sua energia no mês de outubro ⬡ + 9 = ⬡ → ____ + ____ = ⬡ Sua energia no dia de HOJE

10

Domingo

● Lua Nova

Sua energia no mês de outubro ⬡ +10 = ⬡ → ____ + ____ = ⬡ Sua energia no dia de HOJE

Outubro 11

● Lua Nova

Segunda-Feira

Sua energia no mês de outubro ⬡ +11= ⬡ → ____+____= ⬡ *Sua energia no dia de HOJE*

9 ______

10 ______

11 ______

12 ______

13 ______

14 ______

15 ______

16 ______

17 ______

18 ______

O **Ar** representa o uso da mente, da lógica da ordem; a **Água** representa a sensibilidade, os sentimentos internos, o lado emocional; a **Terra** representa o lado prático, a abordagem prática, concreta e tangível; o **Fogo** representa a energia, a ação além da intuição e o lado espiritual.

12 Outubro

12 - Nossa Senhora Aparecida

Terça-Feira

● Lua Nova

Sua energia no mês de outubro ⬡ +12= ⬡ → ____ + ____ = ⬡ *Sua energia no dia de HOJE*

9

10

11

12

13

14

15

16

17

18

"As palavras têm poder. Acendem forças espirituais que influem nos eventos e nas circunstâncias de nossas vidas. Quando permitimos que a Luz fale em nosso nome, nosso discurso enche os outros de esperança, bênçãos, amor e inspiração."

Yehudá Berg – Os 72 nomes de Deus

Outubro 13

● Lua Nova

Quarta-Feira

Sua energia no mês de outubro ⬡ +13 = ⬡ → ___ + ___ = ⬡ *Sua energia no dia de HOJE*

9

10

11

12

13

14

15

16

17

18

De acordo com o seu dia de nascimento identifique, nas páginas seguintes, qual dos elementos da natureza é predominante em você.

14 Outubro

Quinta-Feira

☾ Lua Crescente

Sua energia no mês de outubro ⬡ +14 = ⬡ → ____ + ____ = ⬡ *Sua energia no dia de HOJE*

9 ______

10 ______

11 ______

12 ______

13 ______

14 ______

15 ______

16 ______

17 ______

18 ______

"O amor é a escada pela qual nos elevamos até Deus."

Schiller

Outubro 15

☾ Lua Crescente

Sexta-Feira

Sua energia no mês de outubro ⬡ +15= ⬡ → ____+____= ⬡ *Sua energia no dia de HOJE*

9

10

11

12

13

14

15

16

17

18

Se você nasceu no dia 1, 10, 19 ou 28, seu elemento é Fogo, que representa coragem e energia;

Outubro

16

Sábado

☾ Lua Crescente

Sua energia no mês de outubro ⬡ +16 = ⬡ → ____ + ____ = ⬡ *Sua energia no dia de HOJE*

17

Domingo

☾ Lua Crescente

Sua energia no mês de outubro ⬡ +17 = ⬡ → ____ + ____ = ⬡ *Sua energia no dia de HOJE*

Outubro 18

☾ Lua Crescente

Segunda-Feira

Sua energia no mês de outubro ⬡ +18= ⬡ → ____ + ____ = ⬡ *Sua energia no dia de HOJE*

9 ______

10 ______

11 ______

12 ______

13 ______

14 ______

15 ______

16 ______

17 ______

18 ______

Se você nasceu no dia 2, 11, 20 ou 29, seu elemento é Água, que representa sentimentos e emoções.

19 Outubro

Terça-Feira

☾ Lua Crescente

Sua energia no mês de outubro ⬡ +19 = ⬡ → ____ + ____ = ⬡ *Sua energia no dia de HOJE*

9

10

11

12

13

14

15

16

17

18

"Pois a dúvida ajudou-me mais do que o saber."

Dante

Outubro 20

☾ Lua Crescente

Quarta-Feira

Sua energia no mês de outubro ⬡ +20= ⬡ → ____ + ____ = ⬡ *Sua energia no dia de HOJE*

9

10

11

12

13

14

15

16

17

18

Se você nasceu no dia 3, 12, 21 ou 30, seu elemento é Fogo, que representa força e energia.

21 Outubro

Quinta-Feira

☾ Lua Crescente

Sua energia no mês de outubro ⬡ +21= ⬡ → ____ + ____ = ⬡ *Sua energia no dia de HOJE*

9

10

11

12

13

14

15

16

17

18

"Quando sentires no teu espírito uma indefinível, misteriosa e alada sensação de alegria, ainda que ignores o motivo, não tenhas gestos de inquietude ou desconfiança: sorri, ao invés, com fé e otimismo: ante o desconhecido por certo é a aventura que passa ao teu lado e quer deter-se junto ao teu coração."

A. D. Plácido

Outubro 22

☾ Lua Crescente

Sexta-Feira

Sua energia no mês de outubro ⬡ +22= ⬡ → ____ + ____ = ⬡ *Sua energia no dia de HOJE*

9

10

11

12

13

14

15

16

17

18

Se você nasceu no dia 4, 13, 22 ou 31, seu elemento é Terra, que representa praticidade e concretização;

Outubro

23

Sábado

○ Lua Cheia

Sua energia no mês de outubro ⬡ +23= ⬡ → ____+____= ⬡ *Sua energia no dia de HOJE*

24

Domingo

○ Lua Cheia

Sua energia no mês de outubro ⬡ +24= ⬡ → ____+____= ⬡ *Sua energia no dia de HOJE*

Outubro 25

O Lua Cheia

Segunda-Feira

Sua energia no mês de outubro ⬡ +25 = ⬡ → ____ + ____ = ⬡ *Sua energia no dia de HOJE*

9

10

11

12

13

14

15

16

17

18

Se você nasceu no dia 5, 14 ou 23, seu elemento é Ar, que representa o uso da mente e do pensamento.

26 Outubro

Terça-Feira

O Lua Cheia

Sua energia no mês de outubro ⬡ +26= ⬡ → ____ + ____ = ⬡ *Sua energia no dia de HOJE*

9

10

11

12

13

14

15

16

17

18

"Nossos números pessoais não são chaves isoladas, mas, como todos os fenômenos, são peças que se encaixam no grande enigma da existência."

Faith Javane

Outubro 27

○ Lua Cheia

Quarta-Feira

Sua energia no mês de outubro ⬡ +27= ⬡ → ____+____= ⬡ *Sua energia no dia de HOJE*

9 ____

10 ____

11 ____

12 ____

13 ____

14 ____

15 ____

16 ____

17 ____

18 ____

Se você nasceu no dia 6, 15 ou 24, seu elemento é Terra, que governa o lado prático e estável.

28 Outubro

Quinta-Feira

○ Lua Cheia

Sua energia no mês de outubro ⬡ +28= ⬡ → ____ + ____ = ⬡ Sua energia no dia de HOJE

9 ______

10 ______

11 ______

12 ______

13 ______

14 ______

15 ______

16 ______

17 ______

18 ______

Outubro 29

○ Lua Cheia

Sexta-Feira

Sua energia no mês de outubro ⬡ +29 = ⬡ → ____ + ____ = ⬡ Sua energia no dia de HOJE

9

10

11

12

13

14

15

16

17

18

Se você nasceu no dia 7, 16 ou 25, seu elemento é Água, que representa pensamento e sentimentos profundos.

30

Sábado

☽ Lua Minguante

Sua energia no mês de otubro ⬡ +30 = ⬡ → ____ + ____ = ⬡ *Sua energia no dia de HOJE*

31

Domingo

☽ Lua Minguante

Sua energia no mês de outubro ⬡ +31 = ⬡ → ____ + ____ = ⬡ *Sua energia no dia de HOJE*

Faça uma retrospectiva das suas vivências durante este mês. Reflita sobre quanto você aproveitou a energia que lhe estava disponível.

Novembro

1

☽ Lua Minguante

Segunda-Feira

Sua energia no mês de novembro ⬡ + 1 = ⬡ → ____ + ____ = ⬡ *Sua energia no dia de HOJE*

9

10

11

12

13

14

15

16

17

18

Você já sabe qual é a energia que influenciará o seu Destino durante este mês. Pense nos seus objetivos de acordo com essa energia e organize suas atividades.

2 Novembro

2 - Finados

Terça-Feira

☽ Lua Minguante

Sua energia no mês de novembro ⬡ + 2 = ⬡ → ____ + ____ = ⬡ Sua energia no dia de HOJE

9 ______

10 ______

11 ______

12 ______

13 ______

14 ______

15 ______

16 ______

17 ______

18 ______

"Não te prendas em ti, a não ser àquilo que sintas que não está em parte alguma a não ser em ti próprio, e cria de ti, impaciente e pacientemente – ah! – o mais insubstituível dos seres."

André Gilde

Novembro

3

☽ Lua Minguante

Quarta-Feira

Sua energia no mês de novembro ⬡ + 3 = ⬡ → ____ + ____ = ⬡ Sua energia no dia de HOJE

9

10

11

12

13

14

15

16

17

18

Se você nasceu no dia 8, 17 ou 26, seu elemento é Terra, que representa a praticidade e o método.

4 Novembro

Quinta-Feira

☽ Lua Minguante

Sua energia no mês de novembro ⬡ + 4 = ⬡ → ____ + ____ = ⬡ *Sua energia no dia de HOJE*

9 ____

10 ____

11 ____

12 ____

13 ____

14 ____

15 ____

16 ____

17 ____

18 ____

“Abandone a mente que pensa em prosa: Reviva outro tipo de mente, a que pensa em poesia. Deixe as canções serem seu estilo de vida. Mude do intelecto para a intuição, da cabeça para o coração, porque o coração está mais próximo dos mistérios.”

Osho

Novembro

5

☽ Lua Minguante

Sexta-Feira

Sua energia no mês de novembro ⬡ + 5 = ⬡ → ____ + ____ = ⬡ *Sua energia no dia de HOJE*

9

10

11

12

13

14

15

16

17

18

Se você nasceu no dia 9, 18 ou 27, seu elemento é Fogo, que governa a intuição, o espírito.

Novembro

6

Sábado

● Lua Nova

Sua energia no mês de novembro ⬡ + 6 = ⬡ → ____ + ____ = ⬡ Sua energia no dia de HOJE

7

Domingo

● Lua Nova

Sua energia no mês de novembro ⬡ + 7 = ⬡ → ____ + ____ = ⬡ Sua energia no dia de HOJE

Novembro 8

● Lua Nova

Segunda-Feira

Sua energia no mês de novembro ⬡ + 8 = ⬡ → ____ + ____ = ⬡ *Sua energia no dia de HOJE*

9

10

11

12

13

14

15

16

17

18

De acordo com Harish Johari, a natureza e o comportamento de um número se relacionam com o planeta regente.

9 Novembro

Terça-Feira

● Lua Nova

Sua energia no mês de novembro ⬡ + 9 = ⬡ → ____ + ____ = ⬡ Sua energia no dia de HOJE

9 ______

10 ______

11 ______

12 ______

13 ______

14 ______

15 ______

16 ______

17 ______

18 ______

______

______

______

A Numerologia ajuda a compreender sua vida e cada momento dela.

Novembro 10

● Lua Nova

Quarta-Feira

Sua energia no mês de novembro ⬡ +10 = ⬡ → ____ + ____ = ⬡ *Sua energia no dia de HOJE*

9

10

11

12

13

14

15

16

17

18

O número 1 se relaciona com o Sol, autoritário, forte e original.

11 Novembro

Quinta-Feira

● Lua Nova

Sua energia no mês de novembro ⬡ +11= ⬡ → ____+____= ⬡ *Sua energia no dia de HOJE*

9

10

11

12

13

14

15

16

17

18

"Enquanto não morreres e não tornares a te levantar, serás um estranho para a terra escura."

Goethe

Novembro 12

● Lua Nova

Sexta-Feira

Sua energia no mês de novembro ⬡ +12= ⬡ → ___ + ___ = ⬡ Sua energia no dia de HOJE

9
10
11
12
13
14
15
16
17
18

O número 2 se relaciona com a Lua, atraente, em constante mudança, delicada.

Novembro

13

Sábado

☾ Lua Crescente

Sua energia no mês de novembro ⬡ +13 = ⬡ → ____ + ____ = ⬡ *Sua energia no dia de HOJE*

14

Domingo

☾ Lua Crescente

Sua energia no mês de novembro ⬡ +14 = ⬡ → ____ + ____ = ⬡ *Sua energia no dia de HOJE*

Novembro

15

☾ Lua Crescente

Segunda-Feira

15 - Proclamação da República

Sua energia no mês de novembro ⬡ +15= ⬡ → ____+____= ⬡ *Sua energia no dia de HOJE*

9

10

11

12

13

14

15

16

17

18

O número 3 se relaciona com Júpiter, amistoso, conselheiro, centrado em si mesmo.

16 Novembro

Terça-Feira ☾ Lua Crescente

Sua energia no mês de novembro ⬡ +16 = ⬡ → ____ + ____ = ⬡ *Sua energia no dia de HOJE*

9

10

11

12

13

14

15

16

17

18

Na visão pitagórica do universo, os números são a base da arte, da ciência e da música, e a chave para a vida espiritual.

Novembro 17

☾ Lua Crescente

Quarta-Feira

Sua energia no mês de novembro ⬡ +17 = ⬡ → ____ + ____ = ⬡ *Sua energia no dia de HOJE*

9 ______

10 ______

11 ______

12 ______

13 ______

14 ______

15 ______

16 ______

17 ______

18 ______

O número 4 se relaciona com Urano, reservado, de mau gênio, irritado.

18 Novembro

Quinta-Feira

☾ Lua Crescente

Sua energia no mês de novembro ⬡ +18 = ⬡ → ____ + ____ = ⬡ Sua energia no dia de HOJE

9

10

11

12

13

14

15

16

17

18

Os números possuem significados que refletem em todas as áreas da sua vida.

Novembro 19

☾ Lua Crescente

Sexta-Feira

Sua energia no mês de novembro ⬡ +19 = ⬡ → ____ + ____ = ⬡ Sua energia no dia de HOJE

9

10

11

12

13

14

15

16

17

18

O número 5 se relaciona com Mercúrio, divertido, astuto, inteligente.

Novembro

20

Sábado

☾ Lua Crescente

Sua energia no mês de novembro ⬡ +20 = ⬡ → ____ + ____ = ⬡ Sua energia no dia de HOJE

21

Domingo

○ Lua Cheia

Sua energia no mês de novembro ⬡ +21 = ⬡ → ____ + ____ = ⬡ Sua energia no dia de HOJE

Novembro 22

○ Lua Cheia

Segunda-Feira

Sua energia no mês de novembro ⬡ +22= ⬡ → ____ + ____ = ⬡ *Sua energia no dia de HOJE*

9 ______

10 ______

11 ______

12 ______

13 ______

14 ______

15 ______

16 ______

17 ______

18 ______

O número 6 se relaciona com Vênus, romântico, sensual, manipulador.

23 Novembro

Terça-Feira

O Lua Cheia

Sua energia no mês de novembro ⬡ +23= ⬡ → ____ + ____ = ⬡ *Sua energia no dia de HOJE*

9

10

11

12

13

14

15

16

17

18

A essência de tudo o que existe tem sua expressão nos números: a quantidade, o tempo, a distância, o comprimento, a localização etc. Portanto, os números colocam ordem no mundo.

Novembro 24

○ Lua Cheia

Quarta-Feira

Sua energia no mês de novembro ⬡ +24= ⬡ → ____ + ____ = ⬡ *Sua energia no dia de HOJE*

9 ______

10 ______

11 ______

12 ______

13 ______

14 ______

15 ______

16 ______

17 ______

18 ______

______

______

______

O número 7 se relaciona com Netuno, místico, sonhador, intuitivo.

25 Novembro

Quinta-Feira

○ Lua Cheia

Sua energia no mês de novembro ⬡ +25 = ⬡ → ____ + ____ = ⬡ *Sua energia no dia de HOJE*

9 ______

10 ______

11 ______

12 ______

13 ______

14 ______

15 ______

16 ______

17 ______

18 ______

"Amo a liberdade, por isso deixo as coisas que amo livres. Se elas voltarem, é porque as conquistei. Se não voltarem, é porque nunca as possuí."

John Lennon

Novembro 26

○ Lua Cheia

Sexta-Feira

Sua energia no mês de novembro ⬡ +26= ⬡ → ____ + ____ = ⬡ *Sua energia no dia de HOJE*

9

10

11

12

13

14

15

16

17

18

O número 8 se relaciona com Saturno, esforçado, trabalhador, dominador.

Novembro

27

Sábado

○ Lua Cheia

Sua energia no mês de novembro ⬡ +27= ⬡ → ____ + ____ = ⬡ *Sua energia no dia de HOJE*

28

Domingo

☽ Lua Minguante

Sua energia no mês de novembro ⬡ +28= ⬡ → ____ + ____ = ⬡ *Sua energia no dia de HOJE*

Novembro

29

☽ Lua Minguante

Segunda-Feira

Sua energia no mês de novembro ⬡ +29 = ⬡ → ____ + ____ = ⬡ *Sua energia no dia de HOJE*

9

10

11

12

13

14

15

16

17

18

"Saber significa ficar em silêncio, completamente em silêncio. Então você pode ouvir a voz baixa e calma do seu íntimo. Saber significa deixar a mente de lado. Quando você está absolutamente calmo, sem se mover, nada se agita em você, as portas se abrem. Você faz parte dessa existência misteriosa."

Osho

30 Novembro

Terça-Feira ☽ Lua Minguante

Sua energia no mês de novembro ⬡ +30= ⬡ → ____ + ____ = ⬡ *Sua energia no dia de HOJE*

9 ______

10 ______

11 ______

12 ______

13 ______

14 ______

15 ______

16 ______

17 ______

18 ______

Este é o último dia do mês. Aproveite para ter em mente as experiências do passado e aprender com elas. Faça diferente no próximo mês. Renove-se.

Dezembro

1

☽ Lua Minguante

Quarta-Feira

Sua energia no mês de dezembro ⬡ + 1 = ⬡ → ____ + ____ = ⬡ Sua energia no dia de HOJE

9 ______

10 ______

11 ______

12 ______

13 ______

14 ______

15 ______

16 ______

17 ______

18 ______

Embora este seja o último mês do calendário de 2010, em numerologia, ele faz parte do seu ano pessoal e só será realmente o seu último mês se você fizer aniversário em dezembro.

2 Dezembro

Quinta-Feira

☽ Lua Minguante

Sua energia no mês de dezembro ⬡ + 2 = ⬡ → ____ + ____ = ⬡ *Sua energia no dia de HOJE*

9 ____________________

10 ____________________

11 ____________________

12 ____________________

13 ____________________

14 ____________________

15 ____________________

16 ____________________

17 ____________________

18 ____________________

____

____

____

O número 9 se relaciona com Marte, guerreiro, forte, indeciso.

Dezembro 3

☽ Lua Minguante

Sexta-Feira

Sua energia no mês de dezembro ⬡ + 3 = ⬡ → ____ + ____ = ⬡ *Sua energia no dia de HOJE*

9

10

11

12

13

14

15

16

17

18

"A oposição entre o mundo dos homens e o mundo espiritual não é absoluta. Entre os dois está o grande mediador — Número —, cuja realidade é válida em ambos os mundos."

Civilization in Transition, Carl Jung

Dezembro

4

Sábado

☽ Lua Minguante

Sua energia no mês de dezembro ⬡ + 4 = ⬡ → ____ + ____ = ⬡ *Sua energia no dia de HOJE*

5

Domingo

● Lua Nova

Sua energia no mês de dezembro ⬡ + 5 = ⬡ → ____ + ____ = ⬡ *Sua energia no dia de HOJE*

Dezembro 6

● Lua Nova

Segunda-Feira

Sua energia no mês de dezembro ⬡ + 6 = ⬡ → ____ + ____ = ⬡ Sua energia no dia de HOJE

9 ______

10 ______

11 ______

12 ______

13 ______

14 ______

15 ______

16 ______

17 ______

18 ______

As letras também possuem sua correspondência em números. Na antiga Caldeia (região sul da Mesopotâmia), os mesmos símbolos eram usados tanto para os números como para as letras.

7 Dezembro

Terça-Feira

● Lua Nova

Sua energia no mês de dezembro ⬡ + 7 = ⬡ → ____ + ____ = ⬡ *Sua energia no dia de HOJE*

9

10

11

12

13

14

15

16

17

18

Dezembro 8

● Lua Nova

Quarta-Feira

Sua energia no mês de dezembro ⬡ + 8 = ⬡ → ____ + ____ = ⬡ *Sua energia no dia de HOJE*

9 ______

10 ______

11 ______

12 ______

13 ______

14 ______

15 ______

16 ______

17 ______

18 ______

Os números 11 e 22 são considerados números-mestres, pois possuem poderes especiais, qualidades de liderança e inspiração. Não importa em que lugar apareçam, nos números do nome ou da data de nascimento, eles trazem características diferenciadas.

9 Dezembro

Quinta-Feira

● Lua Nova

Sua energia no mês de dezembro ⬡ + 9 = ⬡ → ____ + ____ = ⬡ *Sua energia no dia de HOJE*

9

10

11

12

13

14

15

16

17

18

O número 11 é o visionário, idealista e inspira outras pessoas com suas ideias e seu jeito de ser. Número de liderança e sabedoria, tem como característica negativa ser demasiadamente sonhador.

Dezembro 10

● Lua Nova

Sexta-Feira

Sua energia no mês de dezembro ⬡ +10 = ⬡ → ____ + ____ = ⬡ Sua energia no dia de HOJE

9 ____

10 ____

11 ____

12 ____

13 ____

14 ____

15 ____

16 ____

17 ____

18 ____

O número 22 é idealista e inspirador de outras pessoas, como o 11. Mas o 22 atua no plano mental e físico, por isso é um construtor, um executor, que consegue concretizar suas ideias grandiosas e visionárias.

Dezembro

11

Sábado

● Lua Nova

Sua energia no mês de dezembro ⬡ +11= ⬡ → ____ + ____ = ⬡ *Sua energia no dia de HOJE*

12

Domingo

● Lua Nova

Sua energia no mês de dezembro ⬡ +12= ⬡ → ____ + ____ = ⬡ *Sua energia no dia de HOJE*

Dezembro 13

☾ Lua Crescente

Segunda-Feira

Sua energia no mês de dezembro ⬡ +13= ⬡ → ____ + ____ = ⬡ Sua energia no dia de HOJE

9

10

11

12

13

14

15

16

17

18

Você se prepara para o fim do ano e para a virada 2010-2011. A energia do ano universal que está chegando, 2011 = 4, influencia o mundo e também você. Portanto, passe a noite da virada do ano com a sua energia pessoal equilibrada. Faça as suas contas. Some ao Número do Ano Pessoal em que você se encontra o número 2. *Ex: Ano Pessoal 3 + 2 = 5; Ano Pessoal 9 + 2 = 11 = 2.*

14 Dezembro

Terça-Feira

☾ Lua Crescente

Sua energia no mês de dezembro ⬡ +14 = ⬡ → ____ + ____ = ⬡ Sua energia no dia de HOJE

9

10

11

12

13

14

15

16

17

18

Dezembro 15

☾ Lua Crescente

Quarta-Feira

Sua energia no mês de dezembro ⬡ +15= ⬡ → ____ + ____ = ⬡ Sua energia no dia de HOJE

9

10

11

12

13

14

15

16

17

18

Agora que você já sabe qual é a sua energia pessoal para o dia da passagem do Ano-Novo, equilibre-a com o uso da cor mais indicada para o seu número. Você pode usar uma peça de roupa ou algum acessório dessa cor e estará trazendo, assim, uma energia especial para seu ano de 2011.

16 Dezembro

Quinta-Feira

☾ Lua Crescente

Sua energia no mês de dezembro ⬡ +16 = ⬡ → ____ + ____ = ⬡ *Sua energia no dia de HOJE*

9

10

11

12

13

14

15

16

17

18

Se você chegou ao número 1, use vermelho.
Se você chegou ao número 2, use laranja.

Dezembro 17

☾ Lua Crescente

Sexta-Feira

Sua energia no mês de dezembro ⬡ + 17 = ⬡ → ____ + ____ = ⬡ *Sua energia no dia de HOJE*

9

10

11

12

13

14

15

16

17

18

Se você chegou ao número 3, use amarelo.
Se você chegou ao número 4, use verde.

Dezembro

18

Sábado

☾ Lua Crescente

Sua energia no mês de dezembro ⬡ +18 = ⬡ → ____ + ____ = ⬡ Sua energia no dia de HOJE

19

Domingo

☾ Lua Crescente

Sua energia no mês de dezembro ⬡ +19 = ⬡ → ____ + ____ = ⬡ Sua energia no dia de HOJE

Dezembro 20

☾ Lua Crescente

Segunda-Feira

Sua energia no mês de dezembro ⬡ +20= ⬡ → ____ + ____ = ⬡ *Sua energia no dia de HOJE*

9

10

11

12

13

14

15

16

17

18

Se você chegou ao número 5, use azul-claro.
Se você chegou ao número 6, use azul-anil.

21 Dezembro

Terça-Feira

○ Lua Cheia

Sua energia no mês de dezembro ⬡ +21= ⬡ → ____ + ____ = ⬡ *Sua energia no dia de HOJE*

9

10

11

12

13

14

15

16

17

18

Se você chegou ao número 7, use lilás.
Se você chegou ao número 8, use marrom.

Dezembro 22

○ Lua Cheia

Quarta-Feira

Sua energia no mês de dezembro ⬡ +22= ⬡ → ____ + ____ = ⬡ *Sua energia no dia de HOJE*

9

10

11

12

13

14

15

16

17

18

Se você chegou ao número 9, use rosa.

23 Dezembro

Quinta-Feira

O Lua Cheia

Sua energia no mês de dezembro ⬡ +23 = ⬡ → ____ + ____ = ⬡ Sua energia no dia de HOJE

9

10

11

12

13

14

15

16

17

18

Dezembro 24

○ Lua Cheia

Sexta-Feira

Sua energia no mês de dezembro ⬡ +24= ⬡ → ____ + ____ = ⬡ Sua energia no dia de HOJE

9

10

11

12

13

14

15

16

17

18

Dezembro

25

Sábado

O Lua Cheia

25 - Natal

Sua energia no mês de dezembro ⬡ +25 = ⬡ → ____ + ____ = ⬡ Sua energia no dia de HOJE

26

Domingo

O Lua Cheia

Sua energia no mês de dezembro ⬡ +26 = ⬡ → ____ + ____ = ⬡ Sua energia no dia de HOJE

Dezembro 27

○ Lua Cheia

Segunda-Feira

Sua energia no mês de dezembro ⬡ +27= ⬡ → ____ + ____ = ⬡ *Sua energia no dia de HOJE*

9

10

11

12

13

14

15

16

17

18

"Não basta dar passos que devem, um dia, conduzir ao objetivo: cada passo, em si mesmo, deve ser um objetivo, ao mesmo tempo que nos leva adiante."

Goethe

28 Dezembro

Terça-Feira

☽ Lua Minguante

Sua energia no mês de dezembro ⬡ +28= ⬡ → ____ + ____ = ⬡ *Sua energia no dia de HOJE*

9

10

11

12

13

14

15

16

17

18

"De que te queixas? A divindade te concedeu o que de maior e melhor existe na vida: o de achares em ti mesmo o teu verdadeiro bem."

Epiteto

Dezembro 29

☽ Lua Minguante

Quarta-Feira

Sua energia no mês de dezembro ⬡ +29= ⬡ → ____ + ____ = ⬡ Sua energia no dia de HOJE

9

10

11

12

13

14

15

16

17

18

30 Dezembro

Quinta-Feira

☽ Lua Minguante

Sua energia no mês de dezembro ⬡ +30 = ⬡ → ____ + ____ = ⬡ Sua energia no dia de HOJE

9

10

11

12

13

14

15

16

17

18

"O amor é a escada pela qual nos elevamos até Deus."

Schiller

Dezembro 31

☽ Lua Minguante

Sexta-Feira

Sua energia no mês de dezembro ⬡ +31= ⬡ → ____ + ____ = ⬡ Sua energia no dia de HOJE

9

10

11

12

13

14

15

16

17

18

Chegou o último dia do ano de 2010. A partir de amanhã, outra energia cobre a Terra. Faça uma retrospectiva sincera do ano que passou e verifique quanto, com o auxílio da Numerologia, você conseguiu se conhecer, entender seus momentos mais difíceis, soube organizar sua vida canalizando a energia de maneira positiva e, principalmente, aprendeu qual é o lugar que você ocupa neste Universo imenso. Feliz dia 31/12/2010. Feliz dia 1/1/2011!

Quem se dá melhor com você?

Em um relacionamento há encontros de pessoas com números bem diferentes e outros de pessoas com números iguais. Porém, há números que têm mais afinidade entre si. Considere os números de Lição de Vida das duas pessoas (a soma dos números que compõem a data de nascimento) e verifique a sua melhor compatibilidade:

Número de Lição de Vida 1
Relaciona-se melhor com as pessoas 2, 3, 6, 8 e 9.

Número de Lição de Vida 2
Relaciona-se melhor com as pessoas 1, 3, 4, 6, 9 e 11.

Número de Lição de Vida 3
Relaciona-se melhor com as pessoas 1, 2, 3, 6, 8, 9 e 11.

Número de Lição de Vida 4
Relaciona-se melhor com as pessoas 2, 4, 6, 8 e 11.

Número de Lição de Vida 5
Relaciona-se melhor com as pessoas 7, 8, 9 e 11.

Número de Lição de Vida 6
Relaciona-se melhor com as pessoas 2, 3, 4, 6, 8, 9 e 11.

Número de Lição de Vida 7
Relaciona-se melhor com as pessoas 5, 7, 8, 9 e 11.

Número de Lição de Vida 8
Relaciona-se melhor com as pessoas 1, 3, 4, 5, 6, 9 e 11.

Número de Lição de Vida 9
Relaciona-se melhor com as pessoas 1, 2, 3, 5, 7, 8, 9 e 11.

Número de Lição de Vida 11
Relaciona-se melhor com as pessoas 2, 3, 4, 5, 6, 7, 8 e 9.

Seu primeiro nome:

Seu primeiro nome ou o nome que é usado mais comumente quando é chamado informa sobre como você reage diante dos estímulos. Transforme-o em números de acordo com a tabela abaixo e leia a seguir a explicação sobre ele.

1	2	3	4	5	6	7	8	9
A	B	C	D	E	F	G	H	I
J	K	L	M	N	O	P	Q	R
S	T	U	V	W	X	Y	Z	

Número 1: reação imediata, rápida e direta.

Número 2: reação cautelosa, pacífica, com atenção e diplomacia.

Número 3: reação animada, amigável e cordial.

Número 4: reação controlada, franca e segura.

Número 5: reação intensa, precipitada e inteligente.

Número 6: reação pacífica, compreensiva e atenciosa.

Número 7: reação contemplativa, controlada e imperturbável.

Número 8: reação vigorosa, segura e decidida.

Número 9: reação receptiva, compreensiva, mas com pouca iniciativa.

Número 11: reação animada, aberta e um pouco sonhadora.

Aniversários

	Dia	Nome	Dia	Nome
Janeiro				
Fevereiro				
Março				
Abril				
Maio				
Junho				

Aniversários

	Dia	Nome	Dia	Nome
Julho				
Agosto				
Setembro				
Outubro				
Novembro				
Dezembro				

Contatos

A

Nome ______ Tel. ______

E-mail ______ ______

Nome ______ Tel. ______

E-mail ______ ______

Nome ______ Tel. ______

E-mail ______ ______

Nome ______ Tel. ______

E-mail ______ ______

Nome ______ Tel. ______

E-mail ______ ______

Nome ______ Tel. ______

E-mail ______ ______

B

Nome ______ Tel. ______

E-mail ______ ______

Nome ______ Tel. ______

E-mail ______ ______

Nome ______ Tel. ______

E-mail ______ ______

Nome ______ Tel. ______

E-mail ______ ______

Nome ______ Tel. ______

E-mail ______ ______

Nome ______ Tel. ______

E-mail ______ ______

C

Nome ______________________ Tel. ______________

E-mail ______________________ ______________

Nome ______________________ Tel. ______________

E-mail ______________________ ______________

Nome ______________________ Tel. ______________

E-mail ______________________ ______________

Nome ______________________ Tel. ______________

E-mail ______________________ ______________

Nome ______________________ Tel. ______________

E-mail ______________________ ______________

Nome ______________________ Tel. ______________

E-mail ______________________ ______________

D

Nome ______________________ Tel. ______________

E-mail ______________________ ______________

Nome ______________________ Tel. ______________

E-mail ______________________ ______________

Nome ______________________ Tel. ______________

E-mail ______________________ ______________

Nome ______________________ Tel. ______________

E-mail ______________________ ______________

Nome ______________________ Tel. ______________

E-mail ______________________ ______________

Nome ______________________ Tel. ______________

E-mail ______________________ ______________

E

Nome ______________________ Tel. __________

E-mail ______________________ __________

Nome ______________________ Tel. __________

E-mail ______________________ __________

Nome ______________________ Tel. __________

E-mail ______________________ __________

Nome ______________________ Tel. __________

E-mail ______________________ __________

Nome ______________________ Tel. __________

E-mail ______________________ __________

Nome ______________________ Tel. __________

E-mail ______________________ __________

F

Nome ______________________ Tel. __________

E-mail ______________________ __________

Nome ______________________ Tel. __________

E-mail ______________________ __________

Nome ______________________ Tel. __________

E-mail ______________________ __________

Nome ______________________ Tel. __________

E-mail ______________________ __________

Nome ______________________ Tel. __________

E-mail ______________________ __________

Nome ______________________ Tel. __________

E-mail ______________________ __________

G

Nome Tel.

E-mail

Nome Tel.

E-mail

Nome Tel.

E-mail

Nome Tel.

E-mail

Nome Tel.

E-mail

Nome Tel.

E-mail

H

Nome Tel.

E-mail

Nome Tel.

E-mail

Nome Tel.

E-mail

Nome Tel.

E-mail

Nome Tel.

E-mail

Nome Tel.

E-mail

I

Nome ____________________ Tel. ____________

E-mail ____________________ ____________

Nome ____________________ Tel. ____________

E-mail ____________________ ____________

Nome ____________________ Tel. ____________

E-mail ____________________ ____________

Nome ____________________ Tel. ____________

E-mail ____________________ ____________

Nome ____________________ Tel. ____________

E-mail ____________________ ____________

Nome ____________________ Tel. ____________

E-mail ____________________ ____________

J

Nome ____________________ Tel. ____________

E-mail ____________________ ____________

Nome ____________________ Tel. ____________

E-mail ____________________ ____________

Nome ____________________ Tel. ____________

E-mail ____________________ ____________

Nome ____________________ Tel. ____________

E-mail ____________________ ____________

Nome ____________________ Tel. ____________

E-mail ____________________ ____________

Nome ____________________ Tel. ____________

E-mail ____________________ ____________

K/L

Nome ______________________ Tel. ______________

E-mail ______________________ ______________

Nome ______________________ Tel. ______________

E-mail ______________________ ______________

Nome ______________________ Tel. ______________

E-mail ______________________ ______________

Nome ______________________ Tel. ______________

E-mail ______________________ ______________

Nome ______________________ Tel. ______________

E-mail ______________________ ______________

Nome ______________________ Tel. ______________

E-mail ______________________ ______________

M

Nome ______________________ Tel. ______________

E-mail ______________________ ______________

Nome ______________________ Tel. ______________

E-mail ______________________ ______________

Nome ______________________ Tel. ______________

E-mail ______________________ ______________

Nome ______________________ Tel. ______________

E-mail ______________________ ______________

Nome ______________________ Tel. ______________

E-mail ______________________ ______________

Nome ______________________ Tel. ______________

E-mail ______________________ ______________

N

Nome ______________________ Tel. ______________

E-mail ______________________ ______________

Nome ______________________ Tel. ______________

E-mail ______________________ ______________

Nome ______________________ Tel. ______________

E-mail ______________________ ______________

Nome ______________________ Tel. ______________

E-mail ______________________ ______________

Nome ______________________ Tel. ______________

E-mail ______________________ ______________

Nome ______________________ Tel. ______________

E-mail ______________________ ______________

O

Nome ______________________ Tel. ______________

E-mail ______________________ ______________

Nome ______________________ Tel. ______________

E-mail ______________________ ______________

Nome ______________________ Tel. ______________

E-mail ______________________ ______________

Nome ______________________ Tel. ______________

E-mail ______________________ ______________

Nome ______________________ Tel. ______________

E-mail ______________________ ______________

Nome ______________________ Tel. ______________

E-mail ______________________ ______________

P

Nome Tel.

E-mail

Nome Tel.

E-mail

Nome Tel.

E-mail

Nome Tel.

E-mail

Nome Tel.

E-mail

Nome Tel.

E-mail

Q/R

Nome Tel.

E-mail

Nome Tel.

E-mail

Nome Tel.

E-mail

Nome Tel.

E-mail

Nome Tel.

E-mail

Nome Tel.

E-mail

S

Nome Tel.

E-mail

Nome Tel.

E-mail

Nome Tel.

E-mail

Nome Tel.

E-mail

Nome Tel.

E-mail

Nome Tel.

E-mail

T

Nome Tel.

E-mail

Nome Tel.

E-mail

Nome Tel.

E-mail

Nome Tel.

E-mail

Nome Tel.

E-mail

Nome Tel.

E-mail

U

Nome ______ Tel. ______

E-mail ______ ______

Nome ______ Tel. ______

E-mail ______ ______

Nome ______ Tel. ______

E-mail ______ ______

Nome ______ Tel. ______

E-mail ______ ______

Nome ______ Tel. ______

E-mail ______ ______

Nome ______ Tel. ______

E-mail ______ ______

V/X

Nome ______ Tel. ______

E-mail ______ ______

Nome ______ Tel. ______

E-mail ______ ______

Nome ______ Tel. ______

E-mail ______ ______

Nome ______ Tel. ______

E-mail ______ ______

Nome ______ Tel. ______

E-mail ______ ______

Nome ______ Tel. ______

E-mail ______ ______

W/Y

Nome ______________________ Tel. __________

E-mail ______________________ __________

Nome ______________________ Tel. __________

E-mail ______________________ __________

Nome ______________________ Tel. __________

E-mail ______________________ __________

Nome ______________________ Tel. __________

E-mail ______________________ __________

Nome ______________________ Tel. __________

E-mail ______________________ __________

Nome ______________________ Tel. __________

E-mail ______________________ __________

Z

Nome ______________________ Tel. __________

E-mail ______________________ __________

Nome ______________________ Tel. __________

E-mail ______________________ __________

Nome ______________________ Tel. __________

E-mail ______________________ __________

Nome ______________________ Tel. __________

E-mail ______________________ __________

Nome ______________________ Tel. __________

E-mail ______________________ __________

Nome ______________________ Tel. __________

E-mail ______________________ __________

Sites favoritos

http:// ____________________________________

http:// ____________________________________

http:// ____________________________________

http:// ____________________________________

http:// ____________________________________

http:// ____________________________________

http:// ____________________________________

http:// ____________________________________

http:// ____________________________________

http:// ____________________________________

http:// ____________________________________

http:// ____________________________________

http:// ____________________________________

http:// ____________________________________

http:// ____________________________________

http:// ____________________________________

http:// ____________________________________

http:// ____________________________________

http:// ____________________________________

Para seus cálculos

Para seus cálculos

Para seus cálculos

Para seus cálculos

Para seus cálculos

Para seus cálculos